THILO VOGEL

Zur Praxis und Theorie der richterlichen Bindung an das Gesetz im gewaltenteilenden Staat

Schriften zum Öffentlichen Recht

Band 99

Zur Praxis und Theorie der richterlichen Bindung an das Gesetz im gewaltenteilenden Staat

Von

Dr. Thilo Vogel

DUNCKER & HUMBLOT / BERLIN

"We are under a constitution, but the constitution is what the judges say it is."

Chief Justice *Charles Evans Hughes*
(United States Supreme Court)
Addresses S. 139

Inhaltsverzeichnis

Abkürzungsverzeichnis

Vorbemerkung: Die amtliche Entscheidungssammlung des United States Supreme Court (U. S.: United States Supreme Court Reports) wird für die Jahre 1789 bis 1874 nach dem Namen des Herausgebers zitiert (1 Dallas bis 23 Wallace), danach nach der Bandzahl (beginnend mit 91 U. S.).

BSG	=	Bundessozialgericht
BSGE	=	Entscheidungen des Bundessozialgerichts
BVerfGE	=	Entscheidungen des Bundesverfassungsgerichts
BVerfGG	=	Gesetz über das Bundesverfassungsgericht
BVerwG	=	Bundesverwaltungsgericht
BVerwGE	=	Entscheidungen des Bundesverwaltungsgerichts
c.	=	chapter
Camb. L. J.	=	The Cambridge Law Journal
Com. Cas.	=	Commercial Cases
Cornell L. Q.	=	Cornell Law Quarterly
Cranch	=	Cranch (U. S.) (vgl. Vorbemerkung)
D	=	Digesta
Dall.	=	Dallas (U. S.) (vgl. Vorbemerkung)
DFG	=	Deutsche Freiwillige Gerichtsbarkeit
Diss. iur.	=	juristische Dissertation
DJZ	=	Deutsche Juristen-Zeitung
DÖV	=	Die Öffentliche Verwaltung. Zeitschrift für Verwaltungsrecht und Verwaltungspolitik
DRiG	=	Deutsches Richtergesetz
DRiZ	=	Deutsche Richterzeitung. Organ des deutschen Richterbundes
DRZ	=	Deutsche Rechts-Zeitschrift
DVBl	=	Deutsches Verwaltungsblatt
Edw.	=	Edward
EGBGB	=	Einführungsgesetz zum Bürgerlichen Gesetzbuche
EGZPO	=	Gesetz, betr. die Einführung der Zivilprozeßordnung
EheG	=	Ehegesetz
Eliz.	=	Elizabeth
Entsch. OVG Bln.	=	Entscheidungen des Oberverwaltungsgerichts Berlin
FamRZ	=	Zeitschrift für das gesamte Familienrecht. Ehe und Familie im privaten und öffentlichen Recht
FGG	=	Gesetz über die Angelegenheiten der freiwilligen Gerichtsbarkeit
FGO	=	Finanzgerichtsordnung
Geo.	=	George
GG	=	Grundgesetz für die Bundesrepublik Deutschland
GjS	=	Gesetz über die Verbreitung jugendgefährdender Schriften
GrdstVG	=	Gesetz über Maßnahmen zur Verbesserung der Agrarstruktur und zur Sicherung land- und forstwirtschaftlicher Betriebe (Grundstücksverkehrsgesetz)
GSSt	=	Großer Senat in Strafsachen
GüKG	=	Güterkraftverkehrsgesetz
GVG	=	Gerichtsverfassungsgesetz

HausratsVO	=	Verordnung über die Behandlung der Ehewohnung und des Hausrats nach der Scheidung (6. Durchführungsverordnung zum Ehegesetz)
H. D.	=	Hansard Debates
HGB	=	Handelsgesetzbuch
How.	=	Howard (U. S.) (vgl. Vorbemerkung)
JR	=	Juristische Rundschau
JuS	=	Juristische Schulung. Zeitschrift für Studium und Ausbildung
Just.	=	Die Justiz. Zeitschrift für Erneuerung des Deutschen Rechtswesens. Zugleich Organ des Republikanischen Richterbundes
JW	=	Juristische Wochenschrift
JZ	=	Juristenzeitung
von KamptzJb	=	Jahrbuch für die Preußische Gesetzgebung, Rechtswissenschaft und Rechtsverwaltung, hg. von Karl Albert von Kamptz
K. B.	=	The Law Reports: King's Bench Division
KG	=	Kammergericht
KGJ	=	Jahrbuch für Entscheidungen des Kammergerichts in Sachen der freiwilligen Gerichtsbarkeit, in Kosten-, Stempel- und Strafsachen
KSchG	=	Kündigungsschutzgesetz
L. C.	=	Lord Chancellor
LG	=	Landgericht
L. J.	=	Lord Justice
L/M	=	Lindenmaier-Möhring. Nachschlagewerk des Bundesgerichtshofs
L. Q. R.	=	Law Quarterly Review
LZ	=	Leipziger Zeitschrift für Deutsches Recht
MDR	=	Monatsschrift für Deutsches Recht
MR	=	Master of the Rolls
NJW	=	Neue Juristische Wochenschrift
nwOBG	=	nordrhein-westfälisches Gesetz über Aufbau und Befugnisse der Ordnungsbehörden — Ordnungsbehördengesetz
OGHSt	=	Entscheidungen des Obersten Gerichtshofes für die britische Zone in Strafsachen
OLG	=	Oberlandesgericht
ORG	=	Oberstes Rückerstattungsgericht
OVG	=	Oberverwaltungsgericht
OVGE	=	Entscheidungen der Oberverwaltungsgerichte für das Land Nordrhein-Westfalen in Münster sowie für die Länder Niedersachsen und Schleswig-Holstein in Lüneburg
PrOVGE	=	Entscheidungen des Preußischen Oberverwaltungsgerichts
Q. B.	=	The Law Reports: Queen's Bench Division
Q. C.	=	Queen's Counsel
RAO	=	Reichsabgabenordnung
RdA	=	Recht der Arbeit

RevDrPubl	=	Revue du Droit Public et de la Science Politique en France et à l'Etranger
RG	=	Reichsgericht
RGSt	=	Entscheidungen des Reichsgerichts in Strafsachen
RGZ	=	Entscheidungen des Reichsgerichts in Zivilsachen
RuW	=	Recht und Wirtschaft. Monatsschrift der Vereinigung zur Förderung zeitgemäßer Rechtspflege und Verwaltung „Recht und Wirtschaft"
RzW	=	Rechtsprechung zum Wiedergutmachungsrecht
SeuffArch	=	Seufferts Archiv für Entscheidungen der obersten Gerichte in den deutschen Staaten
SGG	=	Sozialgerichtsgesetz
StAnpG	=	Steueranpassungsgesetz
StGB	=	Strafgesetzbuch
StPO	=	Strafprozeßordnung
TierschG	=	Tierschutzgesetz
T. L. R.	=	The Times Law Reports
U. S.	=	United States Supreme Court Reports
UWG	=	Gesetz gegen den unlauteren Wettbewerb
v.	=	versus
VAG	=	Versicherungsaufsichtsgesetz
VerwArch	=	Verwaltungsarchiv. Zeitschrift für Verwaltungslehre, Verwaltungsrecht und Verwaltungspolitik
VerwRspr	=	Verwaltungsrechtsprechung in Deutschland. Sammlung oberstrichterlicher Entscheidungen aus dem Verfassungs- und Verwaltungsrecht
VG	=	Verwaltungsgericht
Vict.	=	Victoria
VOBlBZ	=	Verordnungsblatt für die Britische Zone. Amtliches Organ zur Verkündung von Rechtsverordnungen der Zentralverwaltungen
VwGO	=	Verwaltungsgerichtsordnung
WarnRspr	=	Rechtsprechung des Reichsgerichts, soweit sie nicht in der amtlichen Sammlung des RG abgedruckt ist, hgg von Warneyer
Wheat.	=	Wheaton (U. S.) (vgl. Vorbemerkung)
Will.	=	William
W. L. R.	=	Weekly Law Reports
ZbJV	=	Zeitschrift des bernischen Juristenvereins. Revue de la société des juristes bernois. Organ für Rechtspflege und Gesetzgebung des Bundes sowie der Kantone Bern, Luzern und Solothurn
ZPO	=	Zivilprozeßordnung
ZSR	=	Zeitschrift für Schweizerisches Recht. Revue de droit suisse. Rivista di diritto svizzero
ZZP	=	Zeitschrift für Zivilprozeß

A. Die historische Entwicklung der Gesetzes-
auslegung als Einfallstor außergesetzlicher Einflüsse

I. Rom

1. Die frühe Zeit

Die frühe Epoche kannte nicht nur formalistische Rechtsgeschäfte und Prozeßhandlungen, sondern auch formalistische Interpretationen.

Livius[1] berichtet aus der Zeit vor der Zwölftafelgesetzgebung (etwa 450 v. Chr.), daß die Bürger geschworen hatten, sich „iussu consulis" zu stellen. Als sie eingezogen werden sollten, legten die Volkstribunen diesen Eid so aus, daß man sich nicht dem jeweiligen, sondern nur dem einen, zur Zeit der Eidesleistung amtierenden Konsul unterstellen wollte.

Solche Vorgänge blieben nicht vereinzelt. Cicero berichtet in den 44 v. Chr. geschriebenen Büchern „de officiis", leider sei das „summum ius summa iniuria"[2] ein gängiges Sprichwort geworden. Als Beispiel nennt er das Urteil des Quintus Fabius Labeo, der im Jahre 138 v. Chr. Konsul wurde. Der Senat beauftragte ihn damals, einen Rechtsstreit über den Grenzverlauf zwischen Neapel und Nola zu entscheiden. Nach Labeos Urteil sollten beide Parteien ihre Grenzen zurückverlegen. Dadurch entstand ein Streifen Niemandsland zwischen beiden Städten, das Labeo Rom adjudizierte.

Aber noch aus dem vierten vorchristlichen Jahrhundert wird auch schon von Livius[3], Plinius[4] und Valerius Maximus[5] eine konträre Praxis berichtet. Die Leges Liciniae Sextiae[6] beschränkten den Landerwerb auf 500 Morgen Land. C. Licinius Stolo versuchte, auf folgende Weise das Gesetz zu umgehen. Der römische pater familias hatte die

---

[1] Titi Livi ab urbe condita libri 3, 20.

[2] De officiis 1, 10, 33.

[3] Ab urbe condita 6, 35; 7, 16.

[4] C. Plini Secundi naturalis historiae libri 18, 17.

[5] Valerii Maximi factorum et dictorum memorabilium libri 8, 6, 3.

[6] Die Datierung in das 4. vorchristliche Jahrhundert ist nicht unbestritten; einen Überblick über die Literatur zu dieser Frage gibt *Kollatz*, Vis ac potestas S. 46 Anm. 1.

patria potestas über alle Familienangehörigen; so konnte er beispielsweise den Sohn in die Sklaverei verkaufen (allerdings wurde ein solches Verhalten später als unmoralisch vom Censor beanstandet). Wenn er ihn aber dreimal verkauft hatte (nachdem er immer wieder durch Rückkauf oder Freilassung in die patria potestas zurückgekehrt war), wurde er nach der vierten Tafel des Zwölftafelgesetzes (IV/2)[7] frei. Licinius manzipierte nun seinen Sohn dreimal fiduziarisch, der Erwerber ließ ihn jeweils wieder durch manumissio vindicta frei. Damit war der Sohn von der patria potestas befreit; er übernahm nun selbst 500 Morgen Land. Während der dreimalige Scheinverkauf nicht als Gesetzesumgehung angesehen wurde, sondern als ein sich anbietendes Mittel, den Bedürfnissen der Zeit mit dem überlieferten Gesetzesinstrumentarium gerecht zu werden[8], erblickte man in dem Landankauf durch den Sohn eine fraus legis des Licinius und verurteilte ihn, als habe er 1000 Morgen Land.

Auch im Falle des Schwurs der Gesandten von Cannae, der von Livius[9] und Cicero[10] berichtet wird, verurteilte man die bloße Wortinterpretation. Hannibal schickte nach der Schlacht von Cannae (216 v. Chr.) kriegsgefangene Römer als Unterhändler zum Senat, nachdem sie sich eidlich zur Rückkehr verpflichtet hatten. Einer von ihnen war unter einem Vorwand noch einmal in Hannibals Lager zurückgekehrt und glaubte, damit sein Versprechen erfüllt zu haben.

Bekanntgeworden ist schließlich noch die Entscheidung des Marius in der Fannia-Episode. Sie sei hier mit den Worten des Valerius Maximus[11] erzählt, um zu zeigen, mit welcher Selbstverständlichkeit man bereits teleologische Auslegung erwartete:

„Cum C. Titinius Minturnensis
Fanniam uxorem, quam impudicam de industria duxerat, eo crimine repudiatam dote spoliare conaretur, sumptus inter eos iudex in conspectu habita quaestione seductum Titinium monuit ut incepto desisteret ac mulieri dotem redderet. Quod cum saepius frustra fecisset, coactus ab eo sententiam pronuntiare mulierem impudicitiae sestertio nummo, Titinium summa totius dotis damnavit, praefatus idcirco se hunc iudicandi modum secutum cum liqueret sibi Titinium patrimonio Fanniae insidias struentem impudicae coniugium expetisse."

Die Ehe war nach ius civile gültig (uxor), so daß Titinius bei Verschulden der Frau nicht die ganze dos herauszugeben hätte; da es ihm aber nur um Fannias Mitgift ging, wird er so gestellt, als ob die Ehe niemals bestanden hätte.

---

[7] Abgedruckt bei *Bruns*, Fontes S. 15 ff.
[8] *Kaser*, Römisches Privatrecht S. 60 f.; *Leonhard*, Emancipatio, Sp. 2477.
[9] Ab urbe condita 22, 58; 22, 61; 24, 18.
[10] De officiis 1, 13.
[11] Valerii Maximi factorum et dictorum memorabilium libri 8, 2, 3.

2. Die Juristenschriften

Ebensowenig wie den bisher genannten Quellen läßt sich den Juristenschriften ein System der Interpretation entnehmen. Von den Werken der Juristen ist nur wenig überliefert und dieses Wenige für unsere Frage unergiebig. Zu nennen ist vielleicht ein Passus des Quintilian[12]:

„Multa ergo inveniuntur frequenter, quae legum verbis non teneantur, sed ipsa vi et potestate teneantur."

Die in Justinians Digesten zusammengefügten Fragmente bieten zwar ein ausführliches Verzeichnis von Definitionen (246 Fragmente des Titels D 50, 16 de verborum significatione), aber nur wenige Fragmente zur Auslegung im Titel D 1, 3 de legibus senatusque consultis et longa consuetudine:

1, 3, 17: „Celsus libro XXVI digestorum
Scire leges non hoc est verba earum tenere, sed vim ac potestatem."

18: „Idem libro XXVIII digestorum
Benignius leges interpretandae sunt, quo voluntas earum conservetur."

19: „Idem libro XXXIII digestorum
In antiqua voce legis ea potius accipienda est significatio, quae vitio caret, praesertim cum etiam voluntas legis ex hoc colligi possit."

20: „Iulianus libro quinquagesimo quinto digestorum
Non omnium, quae a maioribus constituta sunt, ratio reddi potest."

21: „Neratius libro VI membranarum
Et ideo rationes eorum, quae constituuntur, inquiri non oportet: alioquin multa ex his quae certa sunt subvertuntur."

22: „Ulpianus libro trigensimo quinto ad edictum
Cum lex in praeteritum quid indulget, in futurum vetat."

23: „Paulus libro quarto ad Plautium
Minime sunt mutanda, quae interpretationem certam semper habuerunt."

24: „Celsus libro VIII digestorum
Incivile est nisi tota lege perspecta una aliqua particula eius proposita indicare vel respondere."

„Das Material, das sich im Titel I, 3 auf die Hermeneutik bezieht, ist lückenhaft und dürftig, trotz der Bemühungen der Kompilatoren um eine gewisse Vollständigkeit und übersichtliche Systematik. Diese Dürftigkeit kann kaum ausschließlich den Kompilatoren zur Last gelegt werden. Eine Theorie der juristischen Hermeneutik haben sie eben in den Quellen nicht vorgefunden[13]."

---

[12] M. Fabii Quintiliani Declamationes 331.
[13] Himmelschein, Studien S. 396.

Ergänzt werden allerdings die Auslegungsvorschriften des Titels 1, 3 durch einige Interpretationsanweisungen bei konkreten Fragen. So begrenzte beispielsweise die lex Cornelia de sponsu Bürgschaften auf einen maximalen Betrag von 20 000 Sesterzen. Man stellte dem Geld dann auch Wein, Getreide, Grundstücke und Sklaven gleich:

„... appellatione autem pecuniae omnes res in ea lege significantur; itaque si vinum vel frumentum et si fundum vel hominem stipulemur, haec lex observanda est[14]."

Wird ein noch nicht dreißig Jahre alter Sklave freigelassen, so erwirbt er nach der lex Aelia Sentia das Bürgerrecht nicht[15]. Heiratet er aber und hat er aus der Ehe einen einjährigen Sohn, kann er mit der anniculi causae probatio die Verleihung des Bürgerrechts beantragen[16]. Diese Bestimmung wird dann auch auf Töchter angewandt:

„Quae vero diximus de filio anniculo, eadem et de filia annicula elicta intellegemus[17]."

Die lex Aelia Sentia verbot es, die Freigelassene zum eidlichen Versprechen der Ehe- oder Kinderlosigkeit zu veranlassen. Man erstreckte diese Bestimmung auch auf den männlichen Freigelassenen:

„Paulus libro secundo ad legem Aeliam Sentiam Adigere iureiurando, ne nubat liberta vel liberos tollat, intellegitur etiam is, qui libertum iurare patitur[18]."

Eine interessante Form von Analogie oder extensiver Auslegung findet sich bei der Emanzipation. Wir hatten oben von dem Zwölftafelgesetz gesprochen, das einen Sohn nach dreimaligem Verkauf aus der patria potestas befreit. Die Tafel IV/2 lautet:

„Si pater filium ter venum duuit, filius a patre liber esto[19]."

Das Gesetz spricht also nur vom Sohn. Die Töchter und Enkel stellte man nicht einfach schematisch gleich, sondern hier ließ man eine einzige Manzipation genügen[20].

Der Mangel eines Interpretationssystems ist darauf zurückzuführen, daß die römischen Juristen nicht darauf angewiesen waren, die Auslegung in den Dienst der Rechtsfortbildung zu stellen. Dazu diente vielmehr das ius honorarium: Der Prätor konnte gesetzlich nicht oder nicht so anerkannte Ansprüche gewähren (actiones utiles, actiones in

---

[14] Gai Institutiones 3, 124.
[15] Gai Institutiones 1, 18; Ulpiani fragmenta 1, 12.
[16] Gai Institutiones 1, 29; Ulpiani fragmenta 3, 3.
[17] Gai Institutiones 1, 32 a.
[18] D 37, 14, 6 pr.
[19] *Bruns*, Fontes S. 22.
[20] *Kaser* Römisches Privatrecht S. 60.

factum), exceptiones, interdicta, restitutiones in integrum, neue Voll-
streckungsmaßnahmen anordnen und die Parteien zum Abschluß von
Stipulationen zwingen: alles dies nicht aufgrund eines Gesetzes, sondern der prätorischen Amtsgewalt[21].

3. Die Interpretation durch den Kaiser

Die nachklassische Periode ist durch gesetzliche Auslegungsverbote
gekennzeichnet. So bestimmt der Codex Theodosianus 1, 2, 3:

„Maximae cum inter aequitatem iusque interpositam interpretationem,
nobis solis et oporteat et liceat inspicere."

§ 21 der Constitutio Tanta, mit der die Digesten in Kraft gesetzt
wurden, lautet:

„Si quid vero, ut supra dictum est, ambiguum fuit visum, hoc ad
imperiale culmen per iudices referatur et ex auctoritate Augusta mani-
festetur, cui soli concessum est leges et condere et interpretari."

Codex Iustinianus 1, 14, 1:

„Inter aequitatem iusque interpositam interpretationem nobis solis et
oportet et licet inspicere."

Codex Iustinianus 1, 14, 12, 3:

„Definimus autem omnem imperatores legum interpretationem sive in
precibus sive in iudiciis sive alio quocumque modo factam ratam et in-
dubitatam haberi. si enim in praesenti leges condere soli imperatori concessum est, et leges interpretari solum dignum imperio esse oportet."

II. Die Zeit der Rezeption und der aufgeklärte Absolutismus

1. Die Rezeption

Das römische Recht ging mit dem römischen Staat unter; es wurde
nicht mehr angewandt und vergessen. Erst die Renaissance der Rechtswissenschaft im 11. Jahrhundert führte zur Wiederentdeckung der
alten Handschriften. Die Rechtslehrer trugen sie in den Vorlesungen
vor, die Studenten wendeten sie in der Praxis an, in Italien, Frankreich, Spanien und besonders dann in Deutschland, das wegen der
Ideologie von der Identität von Reich und Imperium Romanum[22] und
der Rechtszersplitterung eine besondere Aufnahmebereitschaft zeigte[23].

---

[21] *Kaser*, Römisches Privatrecht S. 184 ff.
[22] *Coing*, Römisches Recht S. 13.
[23] *Coing*, Epochen S. 51.

Die rezipierten Normen erfreuten sich kritikloser Achtung. Das ist zum einen darauf zurückzuführen, daß die Rechtswissenschaft mitten in den Krisen der Neuordnung des Rechtes zu einer selbständigen Position nicht in der Lage war, zum anderen und besonders aber auch auf dem Kulturprestige des Humanismus, der jede Kritik an der Leistung der Antike ausschloß.

2. Die Elegante Jurisprudenz

Die Rechtswissenschaft blieb jedoch nicht müßig. Die Elegante Jurisprudenz (vor allem Cuiacius 1522—1590, Dionysius Gothofredus 1549 bis 1622, Jacobus Gothofredus 1587—1652, Antonius Faber 1557—1624, Donellus 1527—1591) arbeitete das gesamte römische Recht durch und schuf so aus der wenig zusammenhängenden Masse ein System.

3. Der usus modernus

Mit der Zeit stellte sich jedoch heraus, daß die Aufgaben des Tages nicht immer mit römischem Recht sachgerecht gelöst werden können. Man zog daraus die Konsequenzen, indem man eine stärkere Assimilation des römischen Rechts an das eigene erstrebte. Die Frucht dieser Bemühungen (etwa Conrings 1606—1681) des sogenannten usus modernus (pandectarum) führte zu der gemeinrechtlichen Dogmatik. Nicht mehr der ursprüngliche noch der „italienische" Text der Digesten, sondern eben der moderne Brauch, der Gerichtsgebrauch, das Richterrecht war im wesentlichen[24] Grundlage der richterlichen Entscheidung.

4. Aufgeklärter Absolutismus und référé législatif

Daß dieses Recht im Einzelfall willkürlich sein konnte, ließ sich auf die Dauer nicht verborgen halten. Die Aufklärung sah eine Möglichkeit zur Befreiung des Menschen, die Rousseau später mit den pathetischen Worten „L'homme est né libre et partout il est dans les fers"[25] forderte, in einer strengen Bindung des Richters an das Gesetz. Der aufgeklärte Absolutismus entwickelte dazu das System des référé législatif[26], nach dem der Richter bei Auslegungsschwierigkeiten dem Gesetzgeber Bericht zu erstatten hat. Dieser klärt dann die in Frage stehende

---

[24] Natürlich mußte der Richter auch die Gesetzgebung seines Fürsten berücksichtigen; dieses ius novissimum wurde den Richtern in besonderen Kursen nahegebracht; vgl. Coing, Europäische Privatrechtsgeschichte S. 19.

[25] Zitiert nach Coing ZbJV 91 (1955) 331.

[26] Diese Bezeichnung ist allerdings neueren Datums; sie geht auf Gény, Méthode S. 78 zurück.

Norm durch authentische Interpretation, die grundsätzlich rückwirkende Kraft hatte[27]; erst dann konnte das Urteil ergehen.

Eines der frühen Beispiele ist Titel 1 Art. 7 der Ordonnance civile touchant la réformation de la justice Ludwigs XIV. vom April 1667[28]):

„Si dans les jugements des procès qui servont pendant en nous cours de parlement et autres nos cours, il survient aucun doute ou difficulté sur l'exécution de quelques articles de nos ordonnances, édits, déclarations et lettres- patentes, nous leur défendons de les interpréter, mais voulons qu'en ce cas elles aient à se retirer par devers nous, pour apprendre ce qui sera de notre intention."

Das historische Schicksal des référé législatif läßt sich exemplarisch am Werdegang der großen Kodifikation des preußischen Allgemeinen Landrechts zeigen:

Schon die preußische Constitution vom 31.12.1746[29] stellt in § 24 fest, „daß im ungewissen Lateinischen Römischen Recht singulae leges pro et contra disputiret oder nach eines jeden Caprice limitiret oder extendiret wurden". In § 4 d des Eingangs zum Landrecht vor dem Project des Corporis iuris Fridericiani von 1748 heißt es:

„Denn es hat ein jeder Richter, ja ein jeder Privat-Doctor sich die Freyheit genommen, die in lauter Excerptis bestehende Gesetze nach ihrem Gefallen unter dem Praetext eines oftmals bey den Haaren hergezogenen argumenti legis, zu expliciren, zu limitiren oder amplificiren. So ist fast kein Gesetz in dem Corpore iuris Romani vorhanden, welches nicht pro et contra disputiret und dergleichen eigenmächtigen Interpretation der Rechtslehrer auf Schrauben gesetzt worden, wodurch dann die sogenannte communes opiniones, und endlich communes contra communes, zum größten Unglück und Confusion der Justiz entstanden.

Allermassen die Erfahrung zeiget, daß die Richter selbst nicht sowol nach den Gesetzen und rationibus legis, die Urthel abzufassen, sondern nach ihrem Gefallen diesem oder jenem Rechtsgelehrten beyzupflichten, und zu dem Ende eine Menge von Doctoren zu citieren pflegen usw.

Wodurch dann das gantze Recht arbitrarium gemacht, und in die äußerste Ungewißheit, die arme Unterthanen aber in schwere Kosten gesetzt worden."

Das Publikationspatent zum Allgemeinen Landrecht vom 5.2.1794 befahl unter XVIII[30]:

„... und es soll ... kein Kollegium, Gericht, Justizbedienter sich unterfangen, ... das neue Landrecht nach besagten aufgehobenen Rechten und Vorschriften zu erklären oder auszudeuten; am allerwenigsten aber von

---

[27] *Lukas*, Lehre S. 405; *Müller*, Geschichte S. 2.

[28] Zitiert nach *Lukas*, Lehre S. 412; weitere Beispiele aus der französischen Gesetzgebung bringen *Barthélemy* RevDrPubl 28 (1908) 467, *Eiff*, Verhältnis S. 38, *Gaudemet*, L'empereur S. 170.

[29] *von Kamptz* Jb 59, 133.

[30] Abgedruckt bei *Koch*, Landrecht S. 1 ff.

klaren und deutlichen Vorschriften der Gesetze, auf dem Grund eines ver-
meinten philosophischen Raissonements, oder unter dem Vorwande einer
aus dem Zwecke und der Absicht des Gesetzes abzuleitenden Auslegung,
die geringste eigenmächtige Abweichung, bei Vermeidung Unserer höchsten
Ungnade und schwerer Ahndung, sich zu erlauben; vielmehr soll, wenn in
ein oder anderem Falle über den Sinn und die richtige Auslegung Zweifel
entstehen, oder irgend ein Richter keine hinlängliche Bestimmung eines zu
seiner Entscheidung gelangenden Falles in dem Landrechte anzutreffen ver-
meinen möchte, alsdann lediglich nach den Vorschriften der §§ 46, 50 der
Einleitung zu dem gegenwärtigen Landrechte verfahren werden."

Die in diesem Zusammenhang interessierenden Bestimmungen der
Einleitung zum Allgemeinen Landrecht lauten:

§ 46: „Bey Entscheidungen streitiger Rechtsfälle darf der Richter keinen
andern Sinn beilegen, als welcher aus den Worten, und dem Zusammen-
hange derselben, in Beziehung auf den streitigen Gegenstand, oder aus dem
nächsten unzweifelhaften Grunde des Gesetzes deutlich erhellt."

§ 47: „Findet der Richter den eigentlichen Sinn des Gesetzes zweifelhaft,
so muß er, ohne die prozeßführenden Parteien zu benennen, seine Zweifel
der Gesetzcommission anzeigen, und auf deren Beurteilung antragen."

§ 48: „Der anfragende Richter ist zwar schuldig, den Beschluß der Gesetzcommission bey seinem folgenden Erkenntnis in dieser Sache zum
Grunde zu legen; den Parteien bleiben aber die gewöhnlichen Rechtsmittel
dagegen unbenommen."

§ 49: „Findet der Richter kein Gesetz, welches zur Entscheidung des streitigen Falles dienen könnte, so muß er zwar nach den in dem Landrecht
angenommenen allgemeinen Grundsätzen, und nach den wegen ähnlicher
Fälle vorhandenen Verordnungen, seiner besten Einsicht gemäß, erkennen."

§ 50: „Er muß aber zugleich diesen vermeintlichen Mangel der Gesetze
dem Chef der Justiz sofort anzeigen."

Bald wurde der Widerspruch erkannt, der darin liegt, daß der Richter gesetzliche Bestimmungen nicht frei auslegen durfte, aber zum
Analogieschluß ermächtigt war. Die Kabinettsordre vom 8. 3. 1798[31]
zog daraus die Konsequenzen, indem sie die richterliche Anfragepflicht
abschaffte.

III. Das „neunzehnte Jahrhundert" (1789—1945)

Die enge geistige Verwandtschaft der Zeit etwa zwischen 1789 und
1945 hat die Historiker veranlaßt, diese Epoche als „neunzehntes Jahrhundert" zu bezeichnen und damit zu verdeutlichen, daß der Geist dieses Jahrhunderts einige Zeit zuvor und lange Zeit danach noch wirk-
sam war[32]. Derselbe Zusammenhang läßt sich auch in der Jurisprudenz
und speziell in der juristischen Methodik beobachten.

---

[31] *Rabe*, Sammlung V 86 ff.
[32] *Heer*, Geistesgeschichte S. 5, 591.

1. Die Historische Rechtsschule

Während der Zeit der Rezeption des römischen Rechts in Europa konnte eine Theorie wie' die Volksgeistlehre nicht aufkommen. Seit dem usus modernus änderte sich das. Die dem Volksgeist von der Romantik zugewiesene Aufgabe der Rechtsbildung fand dann bei Friedrich Carl von Savigny (1779—1861) ihre mustergültige Formulierung und Entwicklung[33].

Diese Lehre läßt eine skeptische Haltung der Historischen Rechtslehre zum Gesetz vermuten. Das Gegenteil aber trifft zu[34]. Für von Savigny ist Auslegung nur „Reconstruction des dem Gesetz innewohnenden Gedankens"[35], die er durch grammatische, logische und historische Auslegung erreichen will.

Immerhin vergaß die Zeit nicht ganz die normative Kraft der Rechtsprechung. Das zeigt sich in den mannigfaltigen Präjudiziensystemen der einzelnen Gerichtshöfe. Die Ordnung für das Oberappellationsgericht in Kassel von 1746 bestimmte, daß das Gericht seine eigenen Urteile auch für künftige Fälle anzuwenden habe[36]. Die Präjudizien des Oberappellationsgerichts Jena banden nicht nur dieses Gericht selbst, sondern auch die Untergerichte (Ordnung von 1816)[37]. Ein bayerisches Gesetz von 1837 bestimmte, daß die Urteile des Plenums des Oberappellationsgerichts Gesetzeskraft haben[38]; ein hannoversches Gesetz von 1838 erkannte denjenigen Urteilen des Oberappellationsgerichts Celle Gesetzeskraft zu, die der König in der Gesetzessammlung veröffentlichte[39]. Und schließlich konnte das Plenum des österreichischen Obersten Gerichts- und Kassationshofs nach dem Patent von 1850 auf Antrag des Justizministers Präjudizien mit bindender Kraft für die Untergerichte verkünden[40].

2. Die Begriffsjurisprudenz

Den Untergang der Historischen Rechtsschule konstatierte Kuntze in einer Rede über den „Wendepunkt der Rechtswissenschaft"[41]. Es entstand die Begriffsjurisprudenz. Sie faßte die Rechtsordnung als ein

---

[33] von Savigny, Beruf S. 5 ff.
[34] Coing, Rechtspolitik S. B 4.
[35] von Savigny, System S. 213.
[36] Stobbe, Handbuch S. 186.
[37] Stobbe, Handbuch S. 187.
[38] Stobbe, Handbuch S. 187.
[39] Stobbe, Handbuch S. 187.
[40] Stobbe, Handbuch S. 188.
[41] Kuntze, Wendepunkt S. 7.

geschlossenes System von definierten Rechtsbegriffen auf, aus denen sich Unterbegriffe und damit neue Rechtsnormen ableiten ließen (Inversionsmethode). Das führte zum Dogma von der logischen Geschlossenheit des Rechts.

Auch der Einfluß der Romantik änderte nichts an der Herrschaft der Begriffe; sie wurden „kunstvoll" integriert:

„Was die Tonkunst im Reich der Künste, dasselbe ist das Obligationenrecht im Bereich der Vermögensrechte: die Römer haben vornehmlich den empirischen Unterbau gegründet, die strebende Welt der Säulen und Pfeiler ist vorzüglich dem an Motiven so überreichen Fruchtboden der germanischen Anschauung entsprossen, und in der gereiften Rechtsidee des modernen Verkehrslebens wird die dramatische Versöhnung gelingen. Es wird ja daran gearbeitet. Und die Strömung dieser modernen Geistesarbeit strahlt wiederum im kleinen das Bild jenes geschichtlichen Entwicklungsverlaufes zurück; denn wir erblicken in dem gebundenen (persönlichen Sola-)Wechsel den epischen Unterbau, in dem Inhaberpapier mit seiner … ungezügelten Feuerseele die geheimnisvolle Lyrik und in dem Ordrepapier die beruhigende, versöhnende Wendung zum Drama.

Tonkunst und Obligationenrecht sind die lyrischen Mysterien, die verschleierten Bilder der ästhetischen und der juristischen Welt, und die Skepsis ist der in der Mondnacht suchende Jüngling[42]."

Sollte der Gesetzgeber Normen erlassen, die auch bei großzügigster Auslegung nicht in das Begriffssystem paßten, dann war dem Gesetz der Gehorsam zu versagen:

„Auch darin täuscht man sich, daß man Gesetz und Gewohnheit als Quellen des positiven Rechts ausgibt, und wenn man behauptet, daß was aus jenen Quellen herkomme, d. h. was vom Staat befohlen werde und was als Entscheidungsnorm auch ohne Gesetz mit der Überzeugung, es solle so sein, lange Zeit angewendet worden ist, — solle und müsse vom Richter angewendet werden, so läßt sich mit gleichem Rechte das gerade Gegenteil behaupten[43]."

Frucht des Geistes der Begriffsjurisprudenz war die „beispiellose technische Perfektion"[44] des Bürgerlichen Gesetzbuches. Der erste Entwurf bestimmte in § 1:

„Auf Verhältnisse, für welche das Gesetz keine Vorschrift enthält, finden die für rechtsähnliche Verhältnisse gegebenen Vorschriften entsprechende Anwendung. In Ermangelung solcher Vorschriften sind die aus dem Geiste der Rechtsordnung sich ergebenden Grundsätze maßgebend."

Die zweite Kommission strich diesen Paragraphen. Sie nahm eine Vorschrift über Auslegung und Analogie nicht auf[45].

---

[42] *Kuntze*, Obligation S. 408.
[43] *Schloßmann*, Vertrag S. 175.
[44] *Kübler* AcP 162 (1963) 107.
[45] Protokolle S. 2.

Wie alle Epochen hat die Begriffsjurisprudenz Epigonen in späteren Zeiten gefunden, von denen Zeiler genannt zu werden verdient, der im begriffsjuristischen Glauben an die ausschließliche Rechtsquelle des Gesetzes vorschlug, alle Auslegungsschwierigkeiten durch die Einrichtung eines Gerichtshofes mit gesetzesgleicher Auslegungskompetenz aus dem Wege zu räumen. Dieser Plan, den er in zahlreichen Veröffentlichungen verfocht[46], fand starken Widerhall[47], wurde jedoch nicht verwirklicht. Die gesetzesgleichen Auslegungsregeln hätten ja auch ihrerseits wieder der Auslegung bedurft.

3. Modernismus: Interessenjurisprudenz
soziologische und Freirechtsschule

Zwei Jahre nach Inkrafttreten des BGB veröffentlichte Staub[48] seine Untersuchungen zu den vom BGB nicht geregelten positiven Forderungsverletzungen, im dritten Jahr erschien Zitelmanns „Lücken im Recht", das zur Parole des sogenannten[49] Modernismus wurde. Dieser bestand aus den drei Bewegungen der Interessenjurisprudenz, der soziologischen und der Freirechtsschule.

Die Interessenjurisprudenz (Heck[50], Rümelin[51], Müller-Erzbach[52], Stoll[53]) lehrte den denkenden Gehorsam gegenüber dem vorhandenen Recht bei der Abwägung der Werte, aber Freiheit in der Anschauung des Interessenkonflikts. Die Freirechtsschule (an erster Stelle ist Ehrlich zu nennen, dem die Bewegung den Namen verdankt[54], sodann Fuchs[55], Isay[56], Kantorowicz[57], Stampe[58]) bindet den Richter an das

---

[46] AnnDR 41 (1907) 436 ff.; 46 (1912) 603 ff.; ArchRechtsWirtschPhilos. 4 (1910/11) 379 ff., 645 ff.; DJZ 36 (1931) 1348 ff. (siehe unter Blomeyer, Gerland, Zeiler); DRiZ 2 (1910) 72 ff.; 365 f.; 4 (1912) 726 ff., 781 ff.; 6 (1914) 101 ff.; Gerichtshof passim; JW 43 (1914) 217 ff.; RheinZ 4 (1912) 367 ff.
[47] *Bierling* ArchRechtsWirtschPhilos. 6 (1912/13) 158 ff.; *Feisenberger* DRiZ 4 (1912) 282 ff.; *Freymuth* RuW 1 (1912) 432 ff.; *ten Hompel* DRiZ 4 (1912) 99 ff., 366 ff.; *Huber* Gerichtssaal 80 (1913) 186 ff.; *Krause* DRiZ 2 (1910) 314 ff.; *Meyer* DRiZ 2 (1910) 316 f.
[48] *Staub*, Positive Vertragsverletzungen S. 29 ff..
[49] *Manigk*, Savigny und der Modernismus im Recht, Berlin 1914.
[50] *Heck* AcP 112 (1914) 1 ff.
[51] *Rümelin*, Die Billigkeit im Recht, Tübingen 1921.
[52] *Müller-Erzbach*, Wohin führt die Interessenjurisprudenz? Tübingen 1932.
[53] *Stoll*, Beilageheft zu AcP 133 (1931) 60 ff.
[54] *Ehrlich*, Freie Rechtsfindung und freie Rechtswissenschaft, Leipzig 1903.
[55] *Fuchs*, Die Gemeinschädlichkeit der konstruktiven Jurisprudenz, Karlsruhe 1909; derselbe, Schreibjustiz und Richterkönigtum, Leipzig 1907; derselbe, Was will die Freirechtsschule? Rudolstadt/Thüringen 1929.
[56] *Isay*, Rechtsnorm und Entscheidung, Berlin 1929.
[57] = *Gnaeus Flavius*, Der Kampf um die Rechtswissenschaft, Heidelberg 1906.
[58] DJZ 10 (1905) 1017 ff.

Gesetz, soweit es klar formuliert ist, ansonsten ermächtigt sie ihn zu voluntaristischen, intuitiven Urteilen: „... durch das BGB über das BGB und den BGBismus hinaus[59]!"

Die soziologische Schule (Sinzheimer[60], Wüstendörfer[61]) hält den Richter an, die Normen den sozialen und wirtschaftlichen Umständen anzugleichen.

Gesetzgeberischen Niederschlag fanden diese Lehren schon im schweizerischen Zivilgesetzbuch vom 10. 12. 1907:

Art. 1: „Das Gesetz findet auf alle Rechtsfragen Anwendung, für die es nach Wortlaut oder Auslegung eine Bestimmung enthält.

Kann dem Gesetz keine Vorschrift entnommen werden, so soll der Richter nach Gewohnheitsrecht und, wo auch ein solches fehlt, nach der Regel entscheiden, die er als Gesetzgeber aufstellen würde.

Er folgt dabei bewährter Lehre und Überlieferung."

4. Vom Modernismus zur Gegenwart

Interessenjurisprudenz und soziologische Schule haben auf die Rechtsprechung nachhaltig gewirkt. In dieser Zeit läßt sich aber auch ein Phänomen in der Judikatur beobachten, das vorher mit dieser Deutlichkeit nie zu konstatieren war: Der politische Aspekt des Verhältnisses von Judikatur und Legislative trat in den Vordergrund. Es begann mit einer polemischen Kritik der Richterschaft an der Gesetzgebung.

1909 meint Kammergerichtsrat[62] Viezens in der soeben erstmals veröffentlichten „Deutschen Richterzeitung":

„Solche logische Beweisführung ist in Parlamenten nicht brauchbar[63]."

Landgerichtsrat Hussong äußert:

„Der furchterregende Unsinn, der in solchen Widersprüchen steckt, stört diese Gesetzgeber gar nicht[64]."

Landgerichtspräsident de Niem fragt sich anläßlich eines Parlamentsbeschlusses:

„Ist das nun blutigster Dilettantismus...[65]?"

---

[59] *Fuchs* LZ 23 (1929) 26
[60] Die soziologische Methode in der Privatrechtswissenschaft, München 1909.
[61] AcP 110 (1913) 219 ff.
[62] Seine Stellung ist nicht bei der Namensnennung des Autors des Aufsatzes angegeben, sondern ergibt sich aus der Jahresübersicht.
[63] DRiZ 1 (1909) 13 f.
[64] DRiZ 3 (1911) 178.
[65] DRiZ 3 (1911) 139.

und meint:

> „...wenn jedes augenblickliche ... Bedürfnis, wenn es nur mit dem nötigen Nachdrucke auf dem Markt ausgeschrieen wird, sofort ein neues Gesetz zeitigt, wenn die Klinke der Gesetzgebung von dem größten Schreier am leichtesten erfaßt wird, wie soll da das Gesetz als etwas besonders hoch, gar heilig zu Haltendes gelten[66]?"

Der Oberamtsrichter Kübel spricht von den Parlamentariern als

> „... von Leuten, deren einziger Befähigungsnachweis das Immunitätszeugnis ist, von Körperschaften als solchen, zu denen keine, aber auch wirklich keine Qualifikation erforderlich ist, als die, noch nicht im Zuchthaus gesessen zu sein; von Freistätten jedweden mit dem Worte zu begehenden Verbrechens, vom Sonderrecht der Rede *frechheit* und dergleichen mehr. Man braucht nur ein anständiger Mensch und noch lange kein Edelmann zu sein, um von diesem Tun und Treiben angewidert zu werden[67]."

Weniger polemisch setzt sich das Reichsgericht mit dem Parlament auseinander. 1922 urteilt es:

> „Wenn das Gesetz versagt, tritt der Richter an die Stelle des Gesetzgebers für den einzelnen Fall[68]."

Am 8. 1. 1924 adressiert der Richterverein beim Reichsgericht eine Eingabe an die Reichsregierung[69]; Anlaß war die Absicht der Regierung, eine Aufwertung von Hypotheken zu verbieten und damit die Aufgabe der Gleichung „Mark gleich Mark" durch das Reichsgericht[70] rückgängig zu machen. Es bestünde die ernste Gefahr, so führt der Richterverein aus, daß das Reichsgericht das geplante Gesetz wegen Verstoßes gegen Treu und Glauben für unwirksam erklärt.

Am 25. desselben Monats entscheidet zwar das Reichsgericht[71], der Richter habe jedem ordnungsgemäß erlassenen Gesetz zu folgen.

Unmittelbar darauf äußert aber der Reichsgerichtspräsident Simons:

> „Immer hat in germanischen Staaten das Recht, das der Richter fand, mehr gegolten als das Recht, das der Gesetzgeber macht; in den angelsächsischen Ländern ist das noch heute so, und unser deutsches Volk denkt im Grunde nicht anders. Es macht den Richter verantwortlich für das Recht, das er spricht, und läßt seine Berufung auf gedrucktes Papier nicht gelten[72]."

Aber noch einmal betont das Reichsgericht seine Gesetzestreue:

---

[66] DRiZ 4 (1912) 1.
[67] DRiZ 16 (1924) 282.
[68] JW 51 (1922) 910.
[69] JW 53 (1924) 90.
[70] RGZ 107, 87 ff.
[71] RGZ 107, 317.
[72] DJZ 29 (1924) 330.

„Der Gesetzgeber ist selbstherrlich und an keine anderen Schranken gebunden als diejenigen, die er sich selbst in der Verfassung oder in anderen Gesetzen gezogen hat[73]."

Damit hatte das Reichsgericht die offizielle Haltung der Rechtsprechung gegenüber dem Gesetz festgelegt. Daß inoffiziell die Richterschaft weniger gehorsam gegenüber den Gesetzen war und insbesondere in den politischen Prozessen tendenziöse Urteile fällte, wurde der Öffentlichkeit bald bewußt:

Den 134. Prozeß, den der Reichspräsident Ebert zum Schutz seiner Ehre zu führen hat[74], beendet das AmtsG Magdeburg mit dem Urteil vom 23. 12. 1924[75], in dem es den Reichspräsidenten des Kriegsverrats für überführt erklärt; der erkennende Richter (Bewersdorff) hatte schon drei Jahre vorher von sich reden gemacht, als er äußerte, die Hauptsache sei, daß „der Sattlergeselle da oben" bald verschwinde[76].

§ 8 des Gesetzes zum Schutze der Republik vom 21. 7. 1922 (RGBl. I 585 ff.) lautet:

„Mit Gefängnis bis zu fünf Jahren, neben dem auf Geldstrafe bis zu einer Million Mark erkannt werden kann, wird bestraft:
1. wer öffentlich oder in einer Versammlung die verfassungsmäßig festgestellte republikanische Staatsform des Reichs oder eines Landes beschimpft oder dadurch herabwürdigt, daß er Mitglieder der republikanischen Regierung des Reichs oder eines Landes beschimpft oder verleumdet;
2. wer öffentlich oder in einer Versammlung die Reichs- oder Landesfarben beschimpft;
3. ..."

Der Abgeordnete Rosenfeld berichtet im Reichstag am 28. 6. 1926:

„Da ist z. B. im ‚Deutschen Tageblatt' ein Artikel erschienen, in dem unter anderem geschrieben stand:

Zum Unglück der Deutschen hat die s c h l e i m i g e u n d b r e i i g e d e m o k r a t i s c h e R e p u b l i k (sehr wahr! bei den Völkischen) gewissermaßen ihr Leichentuch über das Land gelegt.

Es heißt in dem Aufsatz weiter, indem die drei Buchstaben vorausgeschickt werden: ‚G. R. D.': ‚Gouvernement der Reparationskolonie Deutschland, versehentlich noch Reichsregierung genannt.' Das Amtsgericht Berlin-Mitte hat sich den Kopf darüber zerbrochen, ob in diesen Worten eine Beschimpfung der Republik zu sehen sei, und es hat die Angeklagten von der Anklage der Beschimpfung der Republik freigesprochen...[77]."

---

[73] RGZ 118, 327.

[74] Diese Zahl nennt der Abgeordnete *Brodauf*, Stenographische Berichte des Reichstags Bd. 384 S. 1088.

[75] Den Prozeßverlauf schildert *Landsberg* Just. 1 (1925/26) 124 ff.

[76] *Landsberg* Just. 3 (1927/28) 213.

[77] Stenographische Berichte des Reichstags Bd. 390 S. 7655.

Brodauf trägt vor dem Reichstag am 28. 1. 1928 vor:

> „Ein und dasselbe Gericht, das Schöffengericht Potsdam, hat innerhalb von vier Wochen einen K o m m u n i s t e n vor sich gehabt wegen Beleidigung der Republik und dann einen V ö l k i s c h e n. Der Kommunist bekam 4 Wochen Gefängnis, der Völkische 70 Mark Geldstrafe. Der Staatsanwalt hatte bei der Begründung des Antrags auf Bestrafung im zweiten Fall mit auf den ersten Fall hingewiesen, und da hat dann der Vorsitzende geantwortet, es sei doch ein Unterschied da: im ersten Fall beim Kommunisten war der beleidigende Ausdruck ‚Räuberrepublik', bei dem Völkischen aber war dieser Ausdruck ‚Judenrepublik'[78]."

Dabei fällt dieses Urteil noch insofern aus der Reihe, als die obergerichtliche Rechtsprechung den Ausdruck „Judenrepublik" für überhaupt nicht strafbar hielt[79].

Dieser richterlichen Sabotage des Gesetzes kam die Staatsanwaltschaft entgegen, indem sie selbst bei drastischsten Ausdrücken überhaupt keine Anklage erhob. Rosenfeld hat fünf Jahre später (16. 5. 1930) in einer typischen Szene diese Einstellung kritisiert:

> „Es ist auch nicht geeignet, moralische Eroberungen für die Reichsrechtspflege zu machen, wenn es vorkommen konnte, daß ein Vertreter der Reichsanwaltschaft bei einem Fall, in dem es sich um die Beleidigung von Rathenau handelte, ausführte, es sei keine Beschimpfung im Sinne des Republikschutzgesetzes, wenn Rathenau als Verräter, als Jude bezeichnet werde, denn Rathenau sei ja Jude gewesen, und der Angeklagte sei auch der Meinung, Herr Rathenau habe Verrat geübt. Dieser sonderbare Vertreter der Reichsanwaltschaft hat sogar erklärt, die Bezeichnung der Republik als ‚Saurepublik' lasse nicht klar erkennen, ob die Republik oder ob der Reichstag gemeint sei! (... Heiterkeit links[80].)"

Das Republikschutzgesetz wurde durch Gesetz vom 25. 3. 1930 (RGBl. I 91 ff.) neu gefaßt. Der frühere § 8 wurde § 5 mit der Änderung, daß jetzt die Mindeststrafe 3 Monate Gefängnis war. § 5 II behielt nur bei mildernden Umständen den früheren Strafrahmen bei. Die Gerichte nahmen daraufhin in 85,7 % aller Fälle mildernde Umstände an[81].

Im Dritten Reich wurde nicht nur das Steuerrecht nach der Anweisung des § 1 Steueranpassungsgesetz vom 16. 10. 1934 (RGBl. I 925) ausgelegt:

> „Die Steuergesetze sind nach nationalsozialistischer Weltanschauung auszulegen."

---

[78] Stenographische Berichte des Reichstags Bd. 394 S. 12470.

[79] RG Just. 1 (1925/26) 520 f., 522 f.; OLG Breslau Just. 1 (1925/26) 523 f.; LG Gleiwitz Just. 1 (1925/26) 521 f.

[80] Stenographische Berichte des Reichstags Bd. 427 S. 5118.

[81] Statistik des Deutschen Reiches. Kriminalstatistik für 1922 ff., Berlin 1935 ff., zu § 5.

Die Leitsätze der Entscheidungen betonen jetzt den „Wandel ... als Folge der nationalen Revolution"[82], die Änderung der Rechtsprechung infolge der „Belange der Volksgemeinschaft"[83] und der „nationalsozialistischen Auffassung"[84].

Nicht nur der förmliche, sondern auch der formlose Führerbefehl geht dem Gesetz vor[85]. Hildebrandt faßt die Auffassung der Zeit zusammen:

„Drei große E i n f a l l s t o r e stehen offen, durch die im Wege nicht nur gesetzgeberischer, sondern schon der richterlichen Rechtsfindung der neue Geist seinen Einzug halten wird und halten muß... Dabei vermeidet die nationalsozialistische Rechtsfindung ebenso die Drahtverhaue liberalistischen Rechtssicherheitswahns wie die Minen anarchistischer Rechtsauflösung. Denn es hängt

1. von der wenigstens vorläufigen und stillschweigenden Duldung durch den Führer die Geltung jeden Rechtssatzes — selbst die Verbindlichkeit des Gewohnheitsrechts wie die Fortgeltung vornationalsozialistischen Gesetzesrechtes — ab. — Die nationalsozialistische Weltanschauung bestimmt

2. bei gesetzlichen Anschauungslücken den U m f a n g der Gebotsbeschränkung und Gesetzesergänzung; Beschränkungs- und Ergänzungsbedürfnis beurteilen sich ja nach herrschendem Gegenwartsempfinden! — Der neue Geist entscheidet aber auch

3. bedingungslos über den I n h a l t der Gesetzesergänzung; mag es sich um ,ungewollte' oder ,gewollte Gesetzeslücken' handeln. Infolgedessen w a n d e l t s i c h — s e l b s t o h n e Ä n d e r u n g e n d e s G e - s e t z e s — g r u n d l e g e n d d a s g e s a m t e R e c h t[86]."

Auch diese Zeit kennt — glücklicherweise — viele Urteile, in denen das Gesetz insgeheim preisgegeben wurde. So berichtet Schorn[87], daß Angeklagte, die freizusprechen waren, verurteilt, oder aber schuldige Angeklagte mit einer überhöhten Strafe belastet wurden, um eine Überstellung an die Geheime Staatspolizei zu verhindern; Wehrmachtsgerichte verurteilten Offiziere des Heeres, die entgegen einem Befehl des Oberkommandos des Heeres sich an der Erschießung von Juden beteiligten, nicht wegen eines Tötungsdeliktes, sondern wegen Ungehorsams, da eine Verurteilung wegen Mordes oder Totschlags von Hitler oder Generaloberst Keitel, der oft das Bestätigungsrecht im Namen des Führers ausübte, vermutlich kassiert worden wäre.

---

[82] PrOVGE 91, 139.
[83] PrOVGE 103, 159.
[84] PrOVGE 102, 179.
[85] *Hildebrandt*, Rechtsfindung S. 41, 47.
[86] *Hildebrandt*, Rechtsfindung S. 99 ff.
[87] *Schorn*, Richter im Dritten Reich S. 33.

Der berühmteste Fall dieser Art ist das Badewannenurteil des Reichsgerichts[88]. Es ist der einzige Fall, in dem wir die Motive der Entscheidung nicht nur vermuten, sondern genau wissen, da einer der beteiligten Richter das Beratungsgeheimnis nach vierzehn Jahren gelüftet hat[89]. In einem kleinen Moseldorf hatten zwei Töchter eines angesehenen Bauern etwa zur gleichen Zeit durch außereheliche Verkehr konzipiert. Die eine von ihnen hatte in einem Krankenhaus eine unglückliche Niederkunft. Diese Konzeption hatte zu schweren Zornesausbrüchen des strengen Vaters geführt, der drohte, die Töchter aus dem Haus zu jagen, wenn einer von ihnen etwas Ähnliches noch einmal zustoßen sollte. Das Mädchen verheimlichte unter dem Druck dieser Drohung ihren Zustand und offenbarte sich nur der Schwester, die bereits entbunden hatte. Diese war auch die einzige Hilfe bei der Geburt. Als die Schwester dann das Neugeborene badete, verlangte die Mutter, es zu ertränken. Die Schwester gab schließlich nach. Damit hatte sie sich eines Mordes schuldig gemacht und wurde daher zum Tode verurteilt. Die dagegen eingelegte Revision konnte rechtlich keinen Bestand haben, wie die angegangenen Richter des Reichsgerichts einmütig feststellten. Da sie davon ausgehen mußten, daß das Todesurteil vollstreckt werden würde, da ein Delikt gegen die „Volkskraft" regelmäßig keine Gnade fand, und das Mädchen ihnen leid tat, nahmen sie ihre Zuflucht zu der Behauptung, Gehilfe könne auch derjenige sein, der die tatbestandsmäßige Handlung allein ausführt. Täterin war jetzt die Mutter des unehelichen Kindes, die ja das Privileg des § 217 StGB besaß.

Rückblickend erkennen wir jetzt, daß das „neunzehnte Jahrhundert" auch in der uns beschäftigenden Frage einheitlich war, indem es zu einer bestimmten Konzeption die entsprechende These und Antithese entwickelte. Die These stellte die Begriffsjurisprudenz auf: Die Auslegung habe von der der Rechtsordnung zugrunde liegenden Begriffsordnung auszugehen. Der Modernismus entwickelte die Antithese: Die Begriffe (des Gesetzes) seien irrelevant (Freirechtsschule) oder limitierten zumindest nicht die Auslegung, die sich vielmehr nach den der Norm zugrunde liegenden Interessen bzw. soziologischen Wertungen richten müsse (Interessenjurisprudenz bzw. soziologische Schule).

---

[88] RGSt 74, 84 ff.
[89] *Hartung* JZ 9 (1954) 430 f.

B. Gesetzesauslegung heute

I. Die Begriffe des Gesetzes

1. Der bestimmte Begriff: nur der Zahlbegriff

Bestimmt und damit einer Auslegung nicht bedürftig ist lediglich der Zahlbegriff[1].

2. Der unbestimmte Begriff

a) Deskriptiver Begriff

Unter deskriptiven Begriffen versteht man diejenigen Begriffe des Gesetzes, die nicht normativ (s. u.) und keine Zahlbegriffe sind; ihr Charakteristikum ist ein scharfer, konturierter „Begriffskern" und ein unscharfer „Rand" oder „Begriffshof"[2].

Beispiele mögen das verdeutlichen: Daß eine „Waldung" im Sinne des § 308 StGB aus Bäumen bestehen muß, ist klar (Begriffskern); aber genau anzugeben, wieviel Bäume vorhanden sein müssen, ist nicht möglich (Begriffshof).

Daß ein Mensch im Sinne der Tötungsdelikte von einem Menschen geboren sein muß, ist manifest (Begriffskern); wann seine Entstehung zeitlich beginnt, läßt sich jedoch nicht feststellen (mit dem Beginn der Wehen? mit dem Ende der Plazentaratmung? mit dem Austreten des Kindes so weit, daß eine Einwirkung von außen her geschehen kann? Alle diese Auffassungen werden in der Jurisprudenz vertreten[3]) (Begriffshof).

Eine „Entstellung" im Sinne des § 224 StGB liegt sicherlich vor bei einer Zerstörung des Gesichts durch Säure, sicherlich nicht vor beim Ausreißen eines Haares (Begriffskern); ob aber das Einschlagen der Vorderzähne eine Entstellung bewirkt, kann man mit gleich guten

---

[1] *Engisch,* Einführung S. 108; *Warda,* Dogmatische Grundlagen S. 25 Anm. 36 (er meint, auch die Bedeutung von Zahlbegriffen könne u. U. zweifelhaft sein — 1 Woche, 1 Monat; hier resultieren die Zweifel aber aus „Woche", „Monat").

[2] *Larenz,* Methodenlehre S. 183, 223 und in NJW 18 (1965) 1.

[3] Zusammengestellt bei *Schäfer* in Leipziger Kommentar I 2 vor § 2 11.

Gründen bejahen[4] und — wegen des hohen Standes zahnärztlicher Prothetik — verneinen[5] (Begriffshof).

b) Normativer Begriff

Sind somit die deskriptiven Begriffe wenigstens teilweise klar, so kann das von den normativen nicht mehr gesagt werden. Bei ihnen bedarf es eines ergänzenden Werturteils des Richters. Stellen wir uns eine Auswahl normativer Begriffe vor Augen: Zivilrecht: Treu und Glauben[6], Verkehrssitte[6], gute Sitten[7], sittlich[8], gerecht und zweckmäßig[9], im Verkehr erforderliche Sorgfalt[10], billiges Ermessen[11], Billigkeit[12], grobe Unbilligkeit[13], Angemessenheit[14], Tunlichkeit[15], Üblichkeit[16], Zumutbarkeit[17], wichtiger Grund[18], ausreichender Grund[19], triftige Gründe[20], schwerwiegende Gründe[21], Mißbrauch[22], sozial ungerechtfertigt[23], schwere Eheverfehlung[24], Wesen der Ehe[25], Bindung an die Ehe[26], Kindeswohl[27]; Strafrecht: Gesamtwürdigung der Taten[28],

---

[4] BGHSt 17, 161.

[5] BayObLGSt 1954, 111; OLG Stuttgart NJW 13 (1960) 1399; LG Hamburg NJW 19 (1966) 1178, 1876.

[6] §§ 157, 242 BGB.

[7] §§ 138 I, 826 BGB, 1 UWG.

[8] §§ 1596 I Nr. 4, 5, 1745 c BGB, 32 II, 43, 47 EheG.

[9] § 8 I HausratsVO.

[10] § 276 I BGB.

[11] §§ 315 I, 317 I, 319 I, 660 I, 745 II, 971 I, 1024, 1246 I, 2048, 2156 BGB, 16 III 3 GrdstVG, 1 HausratsVO.

[12] §§ 319 I, 556 a, 920 II, 1360 a IV, 1361 I, 1361 a I, II, 1649 II, 1708 I 3 BGB, 52 III, 53 II 2, 59 I 1, 60, 61 II 1, 69 II, 70 II EheG.

[13] §§ 1361 II, 1381, 1383 BGB.

[14] §§ 250, 264 II, 343 I, 628 II, 1360, 1360 a I, 1371 IV, 1606 III, 1610 I, 1932 I 2 BGB, 58 I EheG.

[15] §§ 374 II, 384 III, 1826, 1827 II, 2216 II, 2360 III BGB.

[16] § 1356 II BGB.

[17] §§ 1382 I, 1383 I BGB.

[18] §§ 27, 626, 627 III, 696, 723 I, 1298 III, 1758 a II, 1889 BGB, 4 III, 6 II EheG, 70 I, 133 I HGB.

[19] §§ 1357 II, 1365 II, 1369 II, 1386 III, 1430 BGB.

[20] §§ 1734 BGB, 3 III EheG.

[21] §§ 1671 III 2, 1770 a BGB.

[22] §§ 1353 II, 1666 I BGB.

[23] § 1 KSchG.

[24] § 43 EheG.

[25] §§ 43, 44, 48 I EheG.

[26] § 48 II EheG.

[27] §§ 1671 III 1 BGB, 48 III EheG.

[28] § 20 a I StGB.

gute Führung[29], mildernde Umstände[30], schwerer Fall[31], besonders
schwerer Fall[32], minder schwerer Fall[33], geringe Schuld[34], Unzucht[35],
öffentliches Ärgernis[36], Sitte[37], gute Sitten[38], Sittlichkeit[39], Anstand[40],
gröbliche Verletzung des Schamgefühls[41], niedriger Beweggrund[42],
öffentliches Interesse[43], Verwerflichkeit[44], grober Unfug[45], im politischen Leben des Volkes stehend[46]; öffentliches Recht: Würde[47], Per-
sönlichkeit[48], gerechte Abwägung[49], Interessen der Allgemeinheit[49],
sozialer Rechtsstaat[50], hergebrachte Grundsätze[51], öffentliche Sicherheit oder Ordnung[52], drohende Gefahr[52], soziales und kulturelles Bedürfnis[53], erhebliche Belange[54], volkswirtschaftlich sinnvolle Aufgaben-
teilung[55], vernünftiger, berechtigter Zweck[56], gefühllose Gesinnung[56],
Belange der Versicherten[57], gesamtwirtschaftliches Bedürfnis[58]; Steuerrecht: unbillig[59], erhebliche Härten[60], Billigkeit und Zweckmäßigkeit[61].

Es ist hier nicht möglich, an all diesen normativen Begriffen die
Wertausfüllungsfähigkeit und -bedürftigkeit nachzuweisen. Unter-
suchen wir daher stellvertretend den Begriff der „guten Sitten". Dieser

---

[29] § 23 I StGB.
[30] §§ 113 II, 114 II, 117 III, 118 II, 146 II, 154 II, 216 II, 217 II, 220 a II,
234 a II, 235 II, 243 II, 244 II, 246 II, 249 II, 250 II, 260 II, 263 II, 264 II,
265 II, 272 II, 308 II, 332 II, 333 II, 346 II, 351 II StGB.
[31] §§ 267 III, 348 IV StGB.
[32] §§ 94 II, 95 III, 99 II, 105 II, 106 II, 138 II, 140 II, 142 III, 212 II, 266 II,
292 II, 293 II, 302 d II, 311 II, III, 316 b III, 317 III, 353 III StGB.
[33] §§ 81 II, 82 II, 83 I, 90 II, 100 III, 105 II, 311 a II StGB.
[34] §§ 129 V StGB, 153 I, II StPO.
[35] §§ 174, 175, 175 a, 176, 178, 181, 181 a, 184 StGB.
[36] § 183 I StGB.
[37] § 184 I Nr. 3 a StGB.
[38] § 226 a StGB.
[39] § 184 b StGB.
[40] § 184 I Nr. 3 a StGB.
[41] § 184 a StGB.
[42] § 211 II StGB.
[43] § 153 I StPO.
[44] § 240 II StGB.
[45] § 360 I Nr. 11 StGB.
[46] § 187 a I StGB.
[47] Art. 1 GG.
[48] Art. 2 I GG.
[49] Art. 14 III 3 GG.
[50] Art. 28 I GG.
[51] Art. 33 V GG.
[52] § 1 nwOBG als Beispiel einer polizeilichen Generalklausel.
[53] § 1 IV BBauG.
[54] § 10 I Nr. 11 AuslG.
[55] § 7 I GüKG.
[56] § 1 II TierSchG.
[57] § 8 I Nr. 2 VAG.
[58] § 8 Abs. I Nr. 3 VAG.
[59] § 131 I 1 RAO.
[60] § 127 I RAO.
[61] § 2 II StAnpG.

könnte objektiv konzipiert werden als der für alle Menschen verbindliche ethische Imperativ, der vom Wandel der Zeit unabhängig ist. Selbst wenn man unterstellt, daß es ein derartiges Sittengesetz überhaupt gibt, muß man zugeben, daß es nur in Umrissen erkennbar ist und zu Detailfragen (beispielsweise freiwillige Sterilisation) keine Stellung nimmt.

Ebenso unmöglich ist es, auf ein subjektives Sittengesetz abzustellen, auf das sittliche Empfinden des Volkes, die anerkannte Moral, die sittlichen Wertvorstellungen der Allgemeinheit; sie können in einer pluralistischen (sozial, konfessionell, weltanschaulich gespaltenen) Gesellschaft keine einheitliche Antwort auf eine bestimmte Frage geben.

Die Rechtsprechung[62] bestimmt die guten Sitten nach dem Anstandsgefühl aller billig und gerecht Denkenden. Zu Recht weist Lenckner[63] darauf hin, daß Armut meistenteils von der Povertät kommt.

II. Auslegungskriterien

Man kann die deskriptiven und normativen Begriffe grammatisch auslegen: richtige Zuordnung unter Beachtung der technisch-juristischen Terminologie; logisch auslegen: unter Beachtung der juristischen Systematik; genetisch auslegen: unter Zugrundelegung der Auffassung des Gesetzgebers (Gesetzesredaktoren und Äußerungen im beschlußfassenden Organ); historisch auslegen: unter Berücksichtigung der geschichtlichen Umstände zur Zeit des Erlasses; teleologisch auslegen: unter Berücksichtigung der widerstreitenden Interessen; komparativ auslegen: unter Berücksichtigung ausländischer Lösungen; rechtskonform auslegen: in Übereinstimmung mit der höherrangigen Norm.

1. Die Rangordnung der Auslegungskriterien

a) Theorie des Vorranges des teleologischen Kriteriums

Die herrschende Meinung[64] hält die teleologische Interpretation für vorrangig.

---

[62] Nachweis bei *Lehmann-Hübner*, Allgemeiner Teil S. 199.

[63] JuS 8 (1968) 255.

[64] *Bachof*, Grundgesetz S. 32; *Baumann*, Einführung S. 91; *Coing*, Grundzüge S. 250 f.; *Eckardt*, Gesetzesauslegung, S. 35; *Germann*, Grundfragen S. 114; *Larenz*, Methodenlehre S. 258; *Maurach*, Strafrecht S. 87; *Obermayer* NJW 19 (1966) 1888; *Reinicke* NJW 5 (1952) 1155; 8 (1955) 1380; MDR 11 (1957) 193; *Westermann*, Wesen S. 25; *Zweigert*, Studium Generale 7 (1954) 384; BGH NJW 4 (1951) 603.

b) Theorie des Vorranges des historischen Kriteriums

Die Rechtsprechung[65] hat in zahlreichen Fällen der Entstehungsgeschichte einer Norm ausschlaggebende Bedeutung zugemessen.

c) Theorie des Vorranges des grammatischen Kriteriums

In anderen Fällen hat die Judikatur[66] die Bedeutung des Wortes im allgemeinen Sprachgebrauch für entscheidend angesehen.

d) Theorie der Beliebigkeit

Ein Teil der Lehre[67] stellt es in das Belieben des Richters, welches Auslegungskriterium er für entscheidend hält.

e) Theorie der Unlösbarkeit

Ein anderer Teil der Lehre[68] nimmt an, daß die Frage nach der Rangordnung der Auslegungskriterien unbeantwortbar ist.

f) Divergenz der Rechtsprechung infolge differierender Auslegungsmethodik

Bereits diese Unterschiede in der Auslegungsmethodik führen zu widersprechenden Entscheidungen. So begründet das Oberlandesgericht Hamm[69] seinen Beschluß, daß beim Vorliegen der Haftgründe des § 112 IV StPO eine Aussetzung des Haftbefehls nach § 116 StPO nicht in Betracht komme, mit grammatikalischen Gesichtspunkten, während das Landgericht Dortmund[70] in derselben Frage historisch auslegte und konträr entschied.

III. Analogie

1. Begriff

Analog wendet man das Gesetz an, wenn der Gesetzgeber die zur Entscheidung stehende Frage nicht (Normlücke) oder nicht sachgemäß (Wertungslücke) geregelt hat. Man unterscheidet zwischen Gesetzes-

---

[65] BayVerfGH NJW 16 (1963) 1003; BGHSt 1, 77 ff.; BGHZ 3, 164 f.; BGH NJW 6 (1951) 839; 5 (1952) 504; BVerfGE 2, 276; 3, 248 ff.; 4, 304 entgegen 1, 312.

[66] BGH L/M Nr. 3 zu § 133 (D) BGB Blatt 2; NJW 4 (1951) 356.

[67] *Siebert*, Methode S. 40; *Zimmermann* NJW 9 (1956) 1262 ff.

[68] *Engisch*, Einführung S. 96; *Heller*, Rechtsanwendung S. 117 f.

[69] NJW 18 (1965) 1496.

[70] NJW 18 (1965) 1391 ff.

und Rechtsanalogie, wobei jedoch die Terminologie uneinheitlich ist. Die einen verstehen unter Gesetzesanalogie die Anlehnung an eine einzelne ähnliche Norm und unter Rechtsanalogie die an eine Vielzahl von ähnlichen Normen[71]; andere sehen das Wesen der Gesetzesanalogie in der Anknüpfung an eine ähnliche Norm, das der Rechtsanalogie in der Anknüpfung an die Rechtsordnung, aus deren Geist die Entscheidung herzuleiten ist[72].

2. Bedeutung

Ihre Bedeutung ermißt sich daran, daß so wichtige Rechtsinstitute wie positive Forderungsverletzung, culpa in contrahendo, Vertrag mit Schutzwirkung zugunsten Dritter, Drittschadensliquidation, allgemeines Persönlichkeitsrecht, vorbeugende Unterlassungsklage, übergesetzlicher Notstand, aufopferungsgleicher, enteignungsgleicher und enteignender Eingriff auf diese Weise gewonnen werden.

3. Abgrenzung von Auslegung und Analogie

Der Unterschied zwischen Analogie und Auslegung ist insbesondere deswegen von Bedeutung, weil man überwiegend[73] aus Art. 103 II GG und § 2 I StGB das Verbot der Strafbegründung und -schärfung durch Analogie herleitet. Er läßt sich daher besonders deutlich an der strafgerichtlichen Judikatur erkennen. Der Bundesgerichtshof hält beispielsweise ein Kraftfahrzeug für ein „bespanntes Fuhrwerk" im Sinne des § 3 I Nr. 6 des preußischen Forstdiebstahlgesetzes[74]. Er meint, man habe sich den Feststellungen „durch Flucht" im Sinne des § 142 StGB entzogen, wenn man zum Unfallort nicht zurückkehrt, von dem man sich erlaubterweise oder ohne den Unfall zu bemerken, entfernt hat[75]. Er ist der Auffassung, man habe sich auch den Feststellungen „durch Flucht" entzogen, wenn man zum Unfallort zurückkehrt, dort aber die Polizei belügt[76]. Er meint, eine Rasenfläche sei ein öffentlicher Weg im Sinne des § 250 I Nr. 3 StGB[77]. Der Große Senat des Bundesgerichtshofes[78] entschied, daß umschlossene Abteilungen eines Gebäudes und

---

[71] *Enneccerus-Nipperdey*, Allgemeiner Teil S. 340.

[72] Motive S. 16.

[73] Zusammengestellt bei *Schönke-Schröder*, Strafgesetzbuch 5 ff. zu § 2; anderer Ansicht ist nur *Sax*, Analogieverbot S. 152.

[74] BGHSt 10, 375.

[75] BGHSt 18, 114 ff.

[76] BGHSt 14, 213 ff.

[77] L/M Nr. 14 zu § 250 StGB.

[78] BGHSt 1, 158 ff.

Wohnwagen umschlossene Räume im Sinne des § 243 I Nr. 2 StGB sind; das Reichsgericht hielt in dieser Frage in dem Urteil vom 23. 11. 1936[79] nicht einmal eine analoge Anwendung der Vorschrift — die damals nach § 2 StGB in der Fassung des Gesetzes zur Änderung des StGB vom 28. 6. 1935[80] erlaubt war — für möglich.

---

[79] RGSt 70, 360 ff.
[80] Abgedruckt bei *von Münch-Brodersen*, Gesetze des NS-Staates S. 95.

C. Ablehnung des durch Auslegung ermittelten Gesetzesbefehls durch den Richter (Rechtsfortbildung)

Die §§ 137 GVG, 45 II 2 ArbGG, 11 IV VwGO, 11 IV FGO, 43 SGG lauten:

„Der erkennende Senat kann in einer Frage von grundsätzlicher Bedeutung die Entscheidung des Großen Senats herbeiführen, wenn nach seiner Auffassung die Fortbildung des Rechts oder die Sicherung einer einheitlichen Rechtsordnung es fordern[1]."

Dabei geht man allgemein[2] davon aus, daß ebensowenig wie die Sorge um die Einheitlichkeit der Judikatur auch die Fortbildung des Rechtes nicht lediglich Aufgabe der Großen Senate der Bundesgerichte ist. Vielmehr wollen diese Vorschriften sichern, daß der Große Senat nicht auch noch mit anderen Aufgaben belastet wird.

Nicht nur aus diesen Vorschriften, sondern auch aus Art. 20 III GG (Bindung des Richters an Gesetz „und Recht") leitet man die Befugnis zur Rechtsfortbildung und damit auch Gesetzesfortbildung her; sie wird heute allgemein anerkannt[3]. Von dieser Befugnis dürfe der Richter nur dann Gebrauch machen, wenn die Rechtsidee und Natur der Sache es verlangen[4].

---

[1] In §§ 137 GVG, 43 SGG steht „erfordert", in § 45 II 2 ArbGG „erfordern" statt „fordern".

[2] *Auffahrth-Schönherr*, Arbeitsgerichtsgesetz 7 zu § 73; *Denecke* RdA 6 (1953) 412 f.; *Schäfer* in *Löwe-Rosenberg*, Strafprozeßordnung 3 aaa zu § 1 GVG; *Schraft*, Sozialgerichtsgesetz zu § 43; BSGE 2, 168 f., 177.

[3] *Arndt* NJW 16 (1963) 1283; *Bachof*, Kontrollfunktion S. 27 f.; *Becker*, Notizen S. 82; *Berges* DRiZ 40 (1962) 369 ff.; *de Boor*, Gesetzesauslegung S. 35; *von Caemmerer*, Wandlungen S. 106; *Darmstaedter* NJW 10 (1957) 770; *Dölle*, Absurdes Recht S. 32 f.; *Enneccerus-Nipperdey*, Allgemeiner Teil S. 346; *Esser* Studium Generale 12 (1959) 100; *Fischer*, Rechtsprechung S. 14; *Flume*, Richter S. K 20; *Hamann*, Grundgesetz Einführung I D 7 und B 8 a cc zu Art. 20; *von Hippel* DRiZ 32 (1954) 66 f.; *König* in *König-Reinhardt*, Richter S. 39; *Larenz*, Kennzeichen S. 5; derselbe, Schuldrecht S. 414; derselbe, Verhältnis S. 385 Anm. 2; *Less* S. 96; *Meyer-Ladewig* AcP 161 (1962) 128; derselbe DRiZ 40 (1962) 320; *Schmidt* DRiZ 41 (1963) 382; derselbe, Gesetz S. 19 f.; *Schröder*, Gesetz S. 14; *Stein* NJW 17 (1964) 1752; *Stoll*, Neuregelung S. 50; *Weinkauff*, Richtertum S. 15; *Werner*, Problem S. 19; anderer Ansicht: *Forsthoff*, Problematik S. 40; *Hirsch* JR 19 (1966) 342; *Reuß* DÖV 16 (1963) 363.

[4] *Larenz*, Methodenlehre S. 303 ff. und in der Nikisch-Festschrift S. 275 ff.

I. Ablehnung aus naturrechtlichen Gründen

Nach der Depravierung der Rechtsidee im Dritten Reich entstand als Reaktion eine Flut von Urteilen[5], in denen naturrechtliche Gedanken zur Begründung herangezogen wurden. Einige von ihnen wandten sich aus naturrechtlichen Gründen gegen den durch Auslegung ermittelten Gesetzesbefehl.

Das Oberlandesgericht Stuttgart hatte beispielsweise über die Klage eines Mannes zu urteilen, der die Ehe für ungültig hielt, da sie nur vor einem Geistlichen geschlossen worden war. Die Parteien des Rechtsstreits hatten nach der Besetzung der Bukowina durch russische Truppen vor einem Pfarrer geheiratet, da sie bei der durch die Vereinbarung zwischen dem Deutschen Reich und der Union der Sozialistischen Sowjet-Republiken zu erwartenden Umsiedlung der deutschen Volksgruppe in das Großdeutsche Reich nicht getrennt werden wollten; eine Trauung vor einem Standesbeamten war nicht möglich, da die rumänische Staatsgewalt durch die Besetzung außer Kraft gesetzt und russische Behörden noch nicht errichtet waren. Nach Artt. 11, 13 EGBGB war dem Rechtsstreit das zur Zeit der Eheschließung geltende Recht zugrunde zu legen; ob das rumänische oder schon das russische Recht anzuwenden waren, konnte dahingestellt bleiben, da beide die obligatorische Zivilehe vorschreiben. Damit war eine Ehe nicht zustande gekommen. Das Oberlandesgericht meinte aber[6]:

„Eine solche ‚Notklerikalehe' muß in einem Falle, wie dem vorliegenden, anerkannt werden ... Denn aus naturrechtlichen Prinzipien ist der Rechtssatz herzuleiten, daß überall, wo Menschen zusammenleben, sie das Recht und die Möglichkeit haben müssen, bei Vorliegen sonstiger Erfordernisse (Erreichung eines bestimmten Mindestalters, Fehlen bestimmter und anerkannter Ehehindernisse) eine Ehe einzugehen ... Der dargelegte Grundsatz ... ist gewissermaßen als ewiges Naturrecht zu beurteilen."

In einem Gutachten schlug der Bundesgerichtshof[7] dem Bundesverfassungsgericht vor, den Stichentscheid des Mannes als höherrangige Anordnung von dem Gleichberechtigungsgebot des Art. 3 II GG auszunehmen. Denn verschieden seien Frau und Mann

„nicht nur im eigentlich Biologisch-Geschlechtlichen, sondern auch in ihrer seinsmäßigen, schöpfungsmäßigen Zueinanderordnung zu sich und dem Kind in der Ordnung der Familie, die von Gott gestiftet und daher für den menschlichen Gesetzgeber undurchbrechbar ist. Die Familie ist nach der Schöpfungsordnung eine streng ihrer eigenen Ordnung folgende Einheit ...

---

[5] Zusammengestellt bei *Evers* JZ 16 (1961) 241 ff.; *von Hippel*, Rechtsdenken S. 224 ff.; *Langner*, Gedanke S. 93 ff. (etwa 300 Nachweise); *Schneider* ARSP 42 (1956) 98 ff.; *Weinkauff* NJW 13 (1960) 1689 ff.

[6] FamRZ 10 (1963) 41.

[7] BGHZ 11 Anhang S. 65.

Der Mann zeugt Kinder, die Frau empfängt, gebiert und nährt sie und zieht die Unmündigen auf. Der Mann sichert, vorwiegend nach außen gewandt, Bestand, Entwicklung und Zukunft der Familie; er vertritt sie nach außen; in diesem Sinne ist er ihr ‚Haupt‘. Die Frau widmet sich, vorwiegend nach innen gewandt, der Ordnung und dem inneren Aufbau der Familie."

Das Bundesverfassungsgericht[8] hielt diese von Gott gestiftete und daher für den menschlichen Gesetzgeber undurchbrechbare Ordnung doch für durchbrechbar.

Als drittes Beispiel führe ich ein Urteil eines Schwurgerichts an. Es ist nicht veröffentlicht; Friesenhahn[9] berichtet von ihm, nennt aber weder das Gericht noch das Aktenzeichen noch stellt er die Urteilsgründe dar, so daß unklar ist, ob es auf naturrechtlichen Erwägungen beruhte (etwa dergestalt, daß niemand gezwungen werden darf, jemanden wider die eigene Überzeugung zu bestrafen?) und damit hier richtig eingeordnet oder ob es unter C. II oder C. III zu rubrizieren ist. Das Gericht hatte den Führer eines Sturmes der allgemeinen Reiter-SS, der in Ostpreußen aus eigenem Antrieb 220 Juden töten ließ und dabei eigenhändig mittötete, lediglich wegen Mordbeihilfe verurteilt. Der Bundesgerichtshof hob das Urteil auf, da es sich um Täterschaft handele, und verwies die Sache an dasselbe Landgericht zurück. Nach erneuter Hauptverhandlung kam das Gericht zu denselben Ergebnissen und erklärte (zu Recht), es müsse daher den Angeklagten nach § 358 I StPO wegen Mordes verurteilen; trotzdem verurteile es ihn wiederum nur wegen Mordbeihilfe.

II. Ablehnung wegen der wertmäßigen Höherrangigkeit einer Norm („verfassungswidrige Verfassungsnorm")[10]

Die neu erwachte Skepsis gegenüber dem Gesetz hatte neben der Möglichkeit der Naturrechtswidrigkeit der Verfassung bald auch die der Verfassungswidrigkeit der Verfassung entdeckt. Das Regel-Ausnahme-Verhältnis von lex generalis und specialis wurde dann nicht mehr für brauchbar angesehen, wenn den kollidierenden Verfassungsnormen verschiedene Wertigkeit zuzumessen ist[11].

Diese Doktrin wurde von verschiedenen Gerichten gegen Art. 117 I GG ins Feld geführt. Nach dieser Bestimmung bleibt das dem Verfassungsgebot von der Gleichberechtigung der Geschlechter entgegen-

---

[8] NJW 12 (1959) 1483.

[9] *Friesenhahn*, Probleme S. C 21.

[10] *Bachof*, Verfassungswidrige Verfassungsnormen? 1951.

[11] *Friesenhahn*, Staatsrechtslehrer S. 58; *Grewe*, Rechtsgutachten S. 6; *Krüger* AöR 77 (1951/52) 55; BayVerfGH VerwRspr 2 S. 273.

stehende Recht bis zu seiner Anpassung in Kraft, jedoch nicht länger als bis zum 31. 3. 1953. Der Gesetzgeber nutzte diese Frist nicht. Da somit am Stichtag weite Teile des Familienrechts außer Kraft traten, ohne daß Ersatz geschaffen wäre, sah sich die Rechtsprechung gezwungen, die lakonisch ausgesprochene Gleichberechtigung in elastische Kasuistik umzumünzen. Dieser Aufgabe hielten verschiedene Gerichte[12] und Autoren[13] die Behauptung entgegen, Art. 117 I GG verstoße insoweit gegen das Gewaltentrennungs- und Rechtsstaatsprinzip, als er das bestehende Recht am 31. 3. 1953 außer Kraft setze, und sei daher nichtig. Das Bundesverfassungsgericht[14], dem die Frage von dem Oberlandesgericht Frankfurt am Main[15] vorgelegt wurde, teilte diese Bedenken nicht.

III. Ablehnung wegen der Natur der Sache

Naturrechtswidrigkeit und verfassungswidriges Verfassungsrecht sind exzeptionelle Fälle. Gar nicht exzeptionell ist das Phänomen, daß eine Norm den heutigen Wert- und Ordnungsvorstellungen nicht mehr entspricht. Soll der Richter so tun, als entnehme er das von ihm für sachgerecht gehaltene Ergebnis der Norm durch Auslegung nach allen Regeln der Kunst, als denke er nur Vorgedachtes[16], als werte er nur Vorgewertetes nach? Oder soll er so tun, als halte er sich in einem Analogieschluß an die in anderen Normen zum Ausdruck gebrachte Wertung des Gesetzgebers, wenn dieser in der zu beurteilenden Frage doch schon entschieden hat?

Fünf typische Beispiele mögen das verdeutlichen:

a) Der Große Zivilsenat des Bundesgerichtshofs[17] hatte sich zweimal mit folgender Frage zu beschäftigen: Nach § 400 BGB kann eine Forderung nicht abgetreten werden, soweit sie der Pfändung nicht unterliegt. Unfallrenten sind nach § 4 I Nr. 2 Lohnpfändungsverordnung unpfändbar. Trotzdem entschied das Plenum in beiden Fällen, daß der Arbeitnehmer seinen Rentenanspruch an den Arbeitgeber ab-

---

[12] OLG Frankfurt am Main NJW 6 (1953) 747; LG Gießen, Beschluß vom 18. 4. 1953 JZ 8 (1953) 281 f. und vom 30. 4. 1953 MDR 7 (1953) 361 f.; LG Lübeck NJW 6 (1953) 907; LG Frankenthal und LG Duisburg zitiert bei *Patschke* BetrBer 8 (1953) 490; AmtsG Mannheim MDR 7 (1953) 360 f.

[13] *Canter* NJW 6 (1953) 850; *Scheld* JZ 8 (1953) 450 f.; *Schneider* NJW 6 (1953) 889 ff.

[14] BVerfGE 2, 243.

[15] NJW 6 (1953) 747.

[16] *Radbruch*, Arten S. 217.

[17] BGHZ 4, 153 ff.; 13, 360 ff.

treten kann, wenn dieser ihm dafür diejenige Versorgung gewährt, die den Grund der Unpfändbarkeit nach der Lohnpfändungsverordnung ausmacht.

b) Eine Frau wurde infolge fehlerhafter Blutübertragung mit Lues infiziert. Später empfing sie ein Kind, das mit angeborener Lues zur Welt kam. Dieses klagte gegen das Krankenhaus auf Schadensersatz. Das Kind war im Zeitpunkt der schädigenden Handlung noch nicht einmal empfangen worden; aber selbst beim nasciturus wird nur im Ausnahmefall Rechtsfähigkeit fingiert (§ 1923 II BGB), ansonsten beginnt die Rechtsfähigkeit des Menschen mit der Vollendung der Geburt (§ 1 BGB). Vor allem aber fällt es schwer, von einer Verletzung zu sprechen, wenn nie ein unverletzter Zustand bestanden hatte. Über diese Bedenken setzte sich der Bundesgerichtshof hinweg:

„Was danach eine Verletzung der Beeinträchtigung der Gesundheit ist, kann nicht mit logischen Begriffen der Rechtstechnik bestimmt werden, sondern ist, wie das Lebensgut der Gesundheit selbst, von Schöpfung und Natur vorausgegeben[18]."

c) Nach § 311 II 1 ZPO ist die Urteilsformel zu verkünden. Da es den meisten Richtern nicht sinnvoll erscheint, Tenor für Tenor vor leeren Bänken im Namen des Volkes zu verkünden, geschieht das in der Regel dann nicht mehr, wenn weder Parteien noch Zuhörer vorhanden sind. Verschiedene Gerichte halten diese Urteile nicht etwa für rechtlich inexistent, sondern den § 311 ZPO für nicht mehr bindend[19].

d) Das Amtsgericht Wuppertal[20] unterschritt in einem Fall das gesetzliche Mindeststrafmaß des § 243 II StGB, da die „Gesetze nicht länger als etwas Starres und völlig Unabänderliches aufgefaßt werden (dürfen), die unter Hintansetzung allen Gerechtigkeitsgefühls gleichmäßig gegen jedermann angewendet werden müßten...".

---

[18] BGHZ 8, 248.
[19] Berichtet von *Schneider* MDR 21 (1967) 7.
[20] DRZ 2 (1947) 343.

D. Die Bedeutung des Präjudizes
für die richterliche Entscheidung

I. Die Bindung an das Präjudiz im Rechtsmittelverfahren

1. Die Bindung im Zivilprozeß

a) *Bindung des Berufungsgerichts*
an die Entscheidung des Revisionsgerichts

Die §§ 565 II, 566 a VI ZPO bestimmen, daß das Berufungsgericht die rechtliche Beurteilung des Revisionsgerichts, die der Aufhebung zugrunde gelegt ist, auch seiner Entscheidung zugrunde zu legen hat.

b) *Bindung des Revisionsgerichts*
an die eigene Entscheidung bei Rückläufern

Wenn der Prozeß zum zweitenmal den Instanzenweg zum Revisionsgericht durchläuft, ist das Revisionsgericht nach herrschender Meinung[1] auch an seine eigene vorher geäußerte Ansicht gebunden.

c) *Bindung der ersten Instanz*
an die Entscheidung des Berufungsgerichts

Entscheidet das Berufungsgericht nicht in der Sache selbst, sondern verweist es zur weiteren Entscheidung zurück, so ist nach herrschender Ansicht[2] auch die erste Instanz an die Grundsätze gebunden, die der Aufhebung durch das Berufungsgericht zugrunde gelegen haben.

---

[1] RGZ 58, 289; 94, 13; 100, 60; 124, 324; 149, 163; JW 67 (1938) 1069, 3059; BVerfGE 1, 5; *Baumbach-Lauterbach*, Zivilprozeßordnung 2 D zu § 565; *Blomeyer*, Zivilprozeßrecht S. 546; *Schönke-Schröder-Niese*, Lehrbuch S. 409; *Schröder*, Bindung S. 207; *Stein-Jonas-Schönke-Pohle*, Zivilprozeßordnung I 2 zu § 318; II 2 f. zu § 565; *Wieczorek*, Zivilprozeßordnung C III d zu § 565; anderer Ansicht: RGZ 51, 389; *Bettermann* DVBl. 70 (1955) 23 f.; *Schönke* ZZP 58 (1934) 392.

[2] RG SeuffArch 56 Nr. 65, 69 Nr. 205; BGHZ 25, 203; BVerfGE 2, 412; *Baumbach-Lauterbach*, Zivilprozeßordnung 1 zu § 538; *Nikisch*, Zivilprozeßrecht S. 488; *Schröder*, Bindung S. 209; *Stein-Jonas-Schönke-Pohle* IX 2 zu § 538; *Thomas-Putzo* 1 b zu § 538; anderer Ansicht: *Schönke* ZZP 58 (1934) 381.

d) Bindung des Berufungsgerichts
an die eigene Entscheidung bei Rückläufern

Ebenso nimmt man an, daß das Berufungsgericht bei Rückläufern an seine eigene vorherige Entscheidung gebunden ist[3].

e) Bindung des Berufungsgerichts
an die Entscheidung des Revisionsgerichts
das an die erste Instanz zurückverwiesen hat

Hat das Revisionsgericht nach § 566 a V ZPO die Sache an die erste Instanz zurückverwiesen und wird gegen das daraufhin ergehende Urteil Berufung eingelegt, so ist auch das Berufungsgericht an die Auffassung des Revisionsgerichts gebunden[4].

f) Bindung des Revisionsgerichts
an die Entscheidung des Berufungsgerichts

Hat gegen das zurückverweisende Berufungsurteil keine Partei Revision eingelegt, so ist das Revisionsgericht an die Auffassung des Berufungsgerichts gebunden, falls der Streit nach erneuter Entscheidung der ersten Instanz im weiteren Verlauf dem Revisionsgericht vorgelegt wird[5].

g) Bindung bei der Beschwerde der
streitigen und freiwilligen Gerichtsbarkeit

Sowohl bei der Beschwerde der streitigen (§§ 567 ff. ZPO)[6] als auch der freiwilligen Gerichtsbarkeit (§ 27 FGG)[7] ist der Vorderrichter an die aufhebende Entscheidung gebunden, ebenso das Beschwerdegericht an seine eigene Entscheidung[8]. Auch das Gericht der weiteren Be-

---

[3] RG WarnRspr 1934, 351; BGHZ 25, 203 f.; *Schröder*, Bindung S. 208; *Stein-Jonas-Schönke* IX 3 zu § 538.

[4] *Schröder*, Bindung S. 215.

[5] BGHZ 25, 200 f.; *Schröder*, Bindung S. 215; *Stein-Jonas-Schönke-Pohle* IX 3 zu § 538.

[6] RGZ 53, 318; *Nikisch*, Zivilprozeßrecht S. 505; *Schröder*, Bindung S. 216.

[7] RGZ 124, 324; BGHZ 15, 124; BGH L/M Nr. 2 zu § 23 LVO; BayObLGZ 1962, 47; ORG RzW 17 (1966) 119 f.; KG DFG 4 (1939) 180; RzW 7 (1956) 18; OLG München RzW 13 (1962) 159; *Baur*, Freiwillige Gerichtsbarkeit S. 349; *Jansen*, FGG 5 zu § 19; *Keidel-Keidel*, Freiwillige Gerichtsbarkeit 8 zu § 25; *Lent-Habscheid*, Freiwillige Gerichtsbarkeit S. 199; *Pikart-Henn*, Lehrbuch S. 126; *Schröder*, Bindung S. 216; anderer Ansicht *Bettermann* NJW 8 (1955) 262.

[8] BGHZ 15, 124; BGH L/M Nr. 14 zu § 28 FGG; KG DFG 4 (1939) 180; RzW 7 (1956) 18; OLG Köln FamRZ 11 (1964) 467; OLG München RzW 13 (1962) 158; *Baur*, Freiwillige Gerichtsbarkeit S. 349; *Jansen* FGG 5 zu § 19, 6 zu § 28; *Keidel-Keidel*, Freiwillige Gerichtsbarkeit 60 zu § 27; *Lent-*

schwerde ist an die Auffassung des Beschwerdegerichts gebunden[9], ebenso bei Zurückverweisung durch das Gericht an dessen Auffassung[10].

2. Die Bindung im Strafprozeß

a) Bindung an die Entscheidung des Revisionsgerichts

Nach § 358 I StPO ist das Berufungsgericht an die rechtliche Beurteilung des Revisionsgerichts gebunden, die der Aufhebung des Urteils zugrunde gelegen hat.

Ein einziger Fall ist bekannt, in dem sich ein Gericht bewußt an diese Vorschrift nicht hielt; er wurde oben C. I dargestellt.

b) Bindung des Revisionsgerichts an die eigene Entscheidung bei Rückläufern

Nach herrschender Ansicht[11] ist das Revisionsgericht an seine eigene vorherige Entscheidung gebunden, wenn das Verfahren den Instanzenweg zum zweitenmal durchlaufen hat.

Das gilt auch für folgenden Fall: Gegen das Urteil eines Schöffengerichts wird Berufung eingelegt, über die von der großen Strafkammer des Landgerichts entschieden wird (§ 76 II GVG). Die Revision geht an das Oberlandesgericht nach § 121 I Nr. 1 b GVG. Das Oberlandesgericht hebt das Berufungsurteil auf und verweist die Sache an die große Strafkammer zurück. Diesmal kommt die Strafkammer zu anderen tatsächlichen Feststellungen und geht von einer vorher nicht erörterten Qualifikation der Tat aus, entscheidet also als erste Instanz. Über die erneut eingelegte Revision hat der Bundesgerichtshof zu befinden, der jetzt auch an die rechtliche Beurteilung gebunden ist, die zuvor das Oberlandesgericht seiner Aufhebung des angefochtenen Urteils zugrunde gelegt hat[12].

Habscheid, Freiwillige Gerichtsbarkeit S. 199; *Pikart-Henn,* Lehrbuch S. 126; *Schröder,* Bindung S. 216.

[9] RGZ 124, 324; BGHZ 15, 122; *Schröder,* Bindung S. 216.

[10] BGH L/M Nr. 2 zu § 23 LVO; *Pikart-Henn,* Lehrbuch S. 135; anderer Ansicht KGJ 45, 85.

[11] RGSt. 6, 359; 22, 136; 59, 34; OGHSt 1, 35, 212; BGH NJW 4 (1951) 970; 6 (1953) 1880 f.; BVerfGE 4, 5; KG JR 11 (1958) 268 ff.; *Schröder,* Bindung S. 217 (anders, wenn das Revisionsgericht zugunsten des Angeklagten abweisen will); *Schwarz-Kleinknecht,* Strafprozeßordnung 2 zu § 358; anderer Ansicht: *Bettermann* DVBl 70 (1955) 23 f.; *Jagusch* in *Löwe-Rosenberg,* Strafprozeßordnung 4 zu § 358.

[12] BGH NJW 4 (1951) 970; 6 (1953) 1880 f.

c) Keine Bindung der ersten Instanz
an die Entscheidung des Berufungsgerichts
keine Selbstbindung des Berufungsgerichts

Im Gegensatz zur Rechtslage im Zivilprozeß nimmt die herrschende Meinung an[13], daß die erste Instanz an die Auffassung des Berufungsgerichts in keiner Weise gebunden ist. Ebensowenig gibt es eine Selbstbindung des Berufungsgerichts[14].

d) Bindung bei der Beschwerde

In der Regel ist die Entscheidung in der Hauptsache vom Beschwerdegericht selbst zu treffen (§ 309 II StPO). Es wird jedoch auch eine Zurückverweisung zugelassen, wenn sonst dem Beschwerdeführer eine Instanz verloren ginge, also insbesondere bei Entscheidungen über Verfahrensfragen[15]. Das zur Beschwerde im Zivilprozeß und in der freiwilligen Gerichtsbarkeit Angeführte (oben D. I. 1. g) gilt entsprechend[16].

3. Bindung in der Arbeits-, Finanz-
Verwaltungs- und Sozialgerichtsbarkeit

Auch in arbeitsrechtlichen Streitigkeiten ist das Instanz- an die Auffassung des Revisionsgerichts gebunden, die der Aufhebung zugrunde gelegt ist (§§ 72 II ArbGG, 565 II ZPO).

In Finanzsachen kennt das Gesetz auch nur eine Bindung an das Urteil des Revisionsgerichts, hier aber ohne Beschränkung auf die Teile der Begründung, die der Aufhebung zugrunde gelegt sind (§ 126 V FGO).

In Verwaltungs- und Sozialsachen gibt es kraft Gesetzes nicht nur eine Bindung an die Auffassung des Revisions-, sondern auch an die des Berufungsgerichts (§§ 130 II, 144 VI VwGO; 159 II, 170 IV SGG); dabei besteht im Berufungsverfahren eine Bindung an die rechtliche Beurteilung, die der Aufhebung zugrunde gelegt ist, sonst ohne diese Beschränkung.

Die Selbstbindung bei Rückläufern entspricht der Rechtslage im Zivilprozeß[17].

---

[13] *Jagusch* in *Löwe-Rosenberg*, Strafprozeßordnung 4 d zu § 328; *Kern*, Strafverfahrensrecht S. 233; *Schmidt*, Strafprozeßordnung 18 zu § 328; anderer Ansicht: *Schröder*, Bindung S. 221.

[14] *Jagusch* in *Löwe-Rosenberg*, Strafprozeßordnung 4 d zu § 328; anderer Ansicht: *Schröder*, Bindung S. 222.

[15] RGSt 19, 337; BayObLG NJW 7 (1954) 123, 1212.

[16] *Schröder*, Bindung S. 222.

[17] BFH BStBl 1966 III 363; BAGE 7, 237 ff.; BVerwG MDR 16 (1962) 758 f.;

4. Umfang der Bindung

Die Bindungswirkung fällt fort bei:

einer Gesetzesänderung[18];

einer Änderung des Tatbestandes[19];

einer zwischenzeitlichen Rüge der revisionsgerichtlichen Judikatur durch das Bundesverfassungsgericht[20] sowie

einer zwischenzeitlichen Änderung der revisionsgerichtlichen Judikatur[21].

II. Bindung an das Präjudiz in den Fällen der §§ 31 BVerfGG, 138 II GVG, 8 TVG, 190 StGB

Nach § 31 II BVerfGG haben die Entscheidungen des Bundesverfassungsgerichts in bestimmten Fällen Gesetzeskraft.

Nach § 31 I BVerfGG binden die Entscheidungen des Bundesverfassungsgerichts die Verfassungsorgane des Bundes und der Länder sowie alle Gerichte und Behörden. Über die Bedeutung dieser Norm ist man sich uneinig[22]: Zum Teil ist man der Auffassung, diese Bindungswirkung sei mit der Rechtskraft identisch; andere meinen, die Bindungswirkung sei etwas zur Rechtskraft Hinzukommendes; wieder andere vertreten die Ansicht, die Bindungswirkung verdränge die Rechtskraft und trete an ihre Stelle.

Gemäß § 138 II GVG ist der erkennende Senat an die Entscheidung des großen Senats gebunden.

§ 8 TVG bestimmt, daß rechtskräftige Entscheidungen der Arbeitsgerichte, die in Rechtsstreitigkeiten zwischen Tarifvertragsparteien aus

---

NJW 19 (1966) 798; BVerwGE 9, 118; BVerfGE 4, 5; *Eyermann-Fröhler*, Verwaltungsgerichtsordnung 13 zu § 130; *Götz* JZ 14 (1959) 690; *Klinger*, Verwaltungsgerichtsordnung E 5 zu § 144; *Menger* VerwArch 51 (1960) 273; *Redeker - von Oertzen*, Verwaltungsgerichtsordnung 20 zu § 151; *Schmitt* JZ 14 (1959) 222 f.; *Ule*, Verwaltungsgerichtsbarkeit IV 2 zu § 144; anderer Ansicht: BVerwGE 7, 159 ff.; *Bettermann* DVBl 70 (1955) 23 f.

[18] *Schröder*, Bindung S. 223; *Stein-Jonas-Schönke-Pohle-Grunsky*, Zivilprozeßordnung II 2 f zu § 565.

[19] *Baumbach-Lauterbach*, Zivilprozeßordnung 2 A zu § 565; *Stein-Jonas-Schönke-Pohle-Grunsky*, Zivilprozeßordnung II 2 f zu § 565.

[20] BFH BStBl 1963 III 541 ff.

[21] BVerwGE 6, 297 ff.; 7, 159 ff.; BSG NJW 15 (1962) 1541; 21 (1968) 1800; OLG München RzW 13 (1962) 159; *Stein-Jonas-Schönke-Pohle*, Zivilprozeßordnung II 2 f zu § 565; anderer Ansicht: *Schröder*, Bindung S. 223 Anm. 33; *Stein-Jonas-Schönke-Pohle-Grunsky*, Zivilprozeßordnung II 2 f zu § 565.

[22] Einen Überblick über den Streitstand gibt *Kadenbach* AöR 80 (1955/56) 385 ff.

dem Tarifvertrag oder über das Bestehen oder Nichtbestehen des Tarifvertrages ergangen sind, in Rechtsstreitigkeiten zwischen tarifgebundenen Parteien sowie zwischen diesen und Dritten für die Gerichte bindend sind.

Nach § 190 StGB ist der Wahrheitsbeweis erbracht, wenn der Beleidigte wegen der in Frage stehenden Handlung rechtskräftig verurteilt ist; er ist ausgeschlossen, wenn der Beleidigte rechtskräftig freigesprochen wurde.

III. Bindung an Gestaltungsurteile und Akte der freiwilligen Gerichtsbarkeit

Die Gestaltungsurteile (z. B. Scheidung der Ehe, Auflösung der offenen Handelsgesellschaft, Aufhebung eines Verwaltungsaktes, Erbunwürdigkeitserklärung) haben neben der Rechtskraftwirkung inter partes eine inter-omnes-Wirkung, weil sie juristische Tatsachen des materiellen Rechts darstellen[23]. Aus demselben Grund sind die Gerichte auch an Akte der freiwilligen Gerichtsbarkeit (beispielsweise Volljährigkeitserklärung, Bestellung eines Vormundes, Genehmigung eines Vertrages) gebunden[24].

IV. Bindung des Zivilrichters an Straf- und Verwaltungsurteile, keine Bindung des Strafrichters an Zivilurteile

Der Zivilrichter ist nach § 14 II Nr. 1 EGZPO an Strafurteile nicht gebunden. Dagegen vertritt die herrschende Meinung[25] die Ansicht, daß ein rechtskräftiges Verwaltungsurteil, das einen Verwaltungsakt aufgehoben hat, auch die Rechtswidrigkeit des Verwaltungsaktes für den Zivilrichter bindend feststellt. Dagegen ist das Zivilgericht bei der Frage, ob durch den rechtswidrigen Verwaltungsakt ein Schaden entstanden ist, nicht an die Gründe des Verwaltungsurteils gebunden[26].

---

[23] Umfassende Nachweise bei *Nicklisch*, Gestaltende Gerichtsentscheidungen S. 14 ff.

[24] *Bötticher*, Bindung S. 519.

[25] BGHZ 9, 329; 10, 220; 15, 17, 19; BGH BetrBer 14 (1959) 1273; DVBl 77 (1962) 753; BVerwG MDR 17 (1963) 706; *Bötticher*, Bindung S. 533; *Thomas* in *Palandt*, Bürgerliches Gesetzbuch 13 zu § 839; *Menger* VerwArch 54 (1963) 205; *Wolff*, Verwaltungsrecht S. 441, 448 f.; anderer Ansicht: *Bettermann* MDR 8 (1954) 9.

[26] BGH DVBl 72 (1957) 108.

Zur Bindung des Strafrichters an Zivilurteile gibt es keine gesetzliche Vorschrift; § 62 StPO bestimmt lediglich:

„Hängt die Strafbarkeit einer Handlung von der Beurteilung eines bürgerlichen Rechtsverhältnisses ab, so entscheidet das Strafgericht auch über dieses nach den für das Verfahren und den Beweis in Strafsachen geltenden Vorschriften.

Das Gericht ist jedoch befugt, die Untersuchung auszusetzen und einem der Beteiligten zur Erhebung der Zivilklage eine Frist zu bestimmen oder das Urteil des Zivilgerichts abzuwarten.“

Dieses Problem ist insbesondere bei der Frage aktuell, ob der Strafrichter einen Angeklagten wegen Unterhaltspflichtverletzung bestrafen kann, obwohl eine Unterhaltsklage rechtskräftig abgewiesen wurde. Nach herrschender Meinung[27] ist das durchaus möglich. Andere[28] nehmen eine Bindung für den Fall an, daß die Unterhaltsklage rechtskräftig abgewiesen wurde.

Auch Statusurteile mit ihrer Feststellungswirkung für und gegen alle (§ 643 ZPO) binden den Strafrichter nach der Auffassung der Rechtsprechung[29] und eines Teiles der Lehre[30] nicht.

V. Bindung an Rechtswegverweisung

„Hat ein ordentliches Gericht den zu ihm beschrittenen Rechtsweg zuvor für unzulässig erklärt, so kann ein anderes Gericht seine Gerichtsbarkeit nicht deshalb verneinen, weil es den Rechtsweg zu den ordentlichen Gerichten für gegeben hält. Hat ein Gericht der allgemeinen Verwaltungs-, der Finanz- oder der Sozialgerichtsbarkeit den zu ihm beschrittenen Rechtsweg zuvor rechtskräftig für zulässig oder unzulässig erklärt, so sind die ordentlichen Gerichte an diese Entschei-

---

[27] BGHSt 5 110 f. mit zustimmender Anmerkung von *Krumme* L/M Nr. 2 zu § 170 b StGB; BGH L/M Nr. 6 zu § 640 ZPO; BayObLG LZ 15 (1921) 757; OLG Celle NJW 8 (1955) 563; OLG Hamm NJW 7 (1954) 1340; OLG Köln NJW 15 (1962) 1528; OLG Oldenburg NJW 5 (1952) 118; OLG Stuttgart NJW 13 (1960) 2204; *Alsberg-Nüse*, Beweisantrag S. 92; *Bruns*, Rechtskraft S. 107 ff.; *Kern*, Aussetzung S. 138; *Geier* in *Löwe-Rosenberg*, Strafprozeßordnung 6 zu § 262; *Hellwig*, System S. 789; *Jagusch* in Leipziger Kommentar 2 zu § 170 b; *Kohlrausch-Lange*, Strafgesetzbuch III zu § 170 b; *Sauer*, Prozeßrechtslehre S. 245 f.; *Sax* in *Müller-Sax*: Strafprozeßordnung 1 b, c zu § 262; *Schmidt*, Strafprozeßordnung 1, 2, 3, 20 zu § 262; *Stein-Jonas-Schönke-Pohle*, Zivilprozeßordnung II 5 a zu § 322.

[28] OLG Braunschweig NJW 6 (1953) 558; *Schönke-Schröder*, Strafgesetzbuch 6 zu § 170 b; *Schwab* NJW 13 (1960) 2169 ff.

[29] BGH L/M Nr. 6 zu § 640 ZPO; OLG Stuttgart NJW 13 (1960) 2205.

[30] *Bruns*, Rechtskraft S. 139 ff.; anderer Ansicht: *Alsberg-Nüse*, Beweisantrag S. 91; *Schönke-Schröder*, Strafgesetzbuch 8 zu § 170 b; *Schwab* NJW 13 (1960) 2173; *Welzel*, Strafrecht S. 406.

dung gebunden" (§ 17 I 2, II GVG). Diese beiden Vorschriften gelten
für die Arbeits-, Verwaltungs-, Sozial- und Finanzgerichtsbarkeit entsprechend (§§ 48 a I, II ArbGG, 41 I, II VwGO, 52 I, II SGG, 34 I, II
FGO; vgl. auch § 276 ZPO).

Problematisch werden diese Regelungen dann, wenn derselbe Streitgegenstand Aspekte besitzt, die zu verschiedenen Rechtswegen gehören.
Dazu zählen zum einen diejenigen Fälle, in denen der Streitgegenstand — je nach der im Prozeß zu entscheidenden rechtlichen Beurteilung — zum einen oder anderen Rechtsweg gehört. Beispielsweise behauptete in einem vom Bundesarbeitsgericht[31] entschiedenen Prozeß
der Kläger das Vorliegen eines Arbeitsverhältnisses, der Beklagte das
Vorliegen eines Gesellschaftsverhältnisses. Das Bundesarbeitsgericht
hat in dieser und in einer späteren Entscheidung[32] die Auffassung vertreten, die Zuständigkeit des Arbeitsgerichts ergebe sich unabhängig
vom wahren Sachverhalt; dafür entscheide das Arbeitsgericht auch
nur über diesen arbeitsrechtlichen Klagegrund durch Sachurteil; der
Kläger könne, wenn das Arbeitsgericht die Klage abweise, den wahren
Sachverhalt (Gesellschaftsverhältnis) dann später dem Zivilgericht
unterbreiten. Es hat es im Gegensatz zu Böttischer[33] abgelehnt, für den
Fall, daß das Arbeitsgericht ein Gesellschaftsverhältnis annehme, ein
Prozeßurteil zu erlassen beziehungsweise an das Zivilgericht zu ver-
weisen. Denn das Zivilgericht müßte dann zwar entscheiden, könne
aber seinerseits ein Gesellschaftsverhältnis verneinen und doch wiederum ein Arbeitsverhältnis annehmen und auf dieser Grundlage
entscheiden.

Zum anderen gibt es noch Fälle, in denen der Streitgegenstand Ge-
sichtspunkte aufweist, die nicht entweder zum einen oder anderen
Rechtsweg gehören, sondern sowohl zum einen als auch zum anderen.
So hatte das Bundesarbeitsgericht[34] über eine Klage gegen eine Be-
hörde zu entscheiden, die mit arbeitsrechtlicher culpa in contrahendo
und Amtspflichtverletzung begründet war. In solchen Fällen muß das
Arbeitsgericht über den arbeitsrechtlichen Aspekt und nur über diesen
ein Sachurteil erlassen. Das Ergebnis ist also dasselbe wie bei der bekannten Problematik, wie sich das ordentliche Gericht zu verhalten
hat, wenn die örtliche Zuständigkeit bei gleichem Streitgegenstand
verschieden ist (Delikts- und Vertragsgerichtsstand, §§ 32, 29 ZPO[35]).

---

[31] AP Nr. 23 zu § 2 ArbGG 1953.
[32] AP Nr. 47 zu § 2 ArbGG 1953.
[33] ZZP 72 (1959) 44 ff. sowie in Juristentagsfestschrift S. 541.
[34] AP Nr. 3 zu § 2 ArbGG 1953.
[35] *Blomeyer*, Zivilprozeßrecht S. 40.

Auch diese Fallgestaltung kann sich zuspitzen. Eine Klage, die letztinstanzlich vom Bundesarbeitsgericht[36] entschieden wurde, wies den zivilrechtlichen Gesichtspunkt der Amtspflichtverletzung und den arbeitsrechtlichen einer Verletzung der Fürsorgepflicht des Dienstherrn gegenüber seinem Angestellten auf. Das zunächst angegangene ordentliche Gericht entschied über den Amtshaftungsgesichtspunkt — zu Unrecht — nicht durch Sachurteil, sondern verwies an das Arbeitsgericht. Das brachte den Streitgegenstand auch insoweit in die Arbeitsgerichtsbarkeit.

VI. Faktischer Einfluß bei mangelnder rechtlicher Bindung

In etwa 90 % aller veröffentlichten Entscheidungen wird mindestens ein Präjudiz zitiert[37]; dabei ist jedoch zu berücksichtigen, daß alle Entscheidungen nur auszugsweise publiziert werden, von manchen nur wenige Zeilen, so daß die Prozentzahl vermutlich höher ist. Mitunter können in den Fällen, in denen das Gericht ohne Präjudiz auskommt, unsachliche Gründe nicht ausgeschlossen werden. Von den untersuchten Entscheidungen wird beispielsweise in der des Bundesverwaltungsgerichts[38] anläßlich des Hirtenbriefes der katholischen Bischöfe Nordrhein-Westfalens zur Gemeindewahl kein Präjudiz zitiert, offensichtlich in ostentativem Gegensatz zur Vorinstanz (Oberverwaltungsgericht Münster)[39], die auf etwa fünfmal soviel Raum fünfzehn Vorentscheidungen und zahlreiche Literaturstimmen anführt (Ridder bemerkt zum Urteil des Oberverwaltungsgerichts: „...mit insgesamt verfehlter, in sich vielfach widersprüchlicher, für das Judikat größtenteils überflüssiger Begründung...[40]“).

Den Urteilen wird ein Leitsatz vorangestellt, der offenbar eine rechtliche abstrakte Regel außergesetzlicher Art darstellt, oft nicht einmal als Auslegung einer Norm, sondern eines Präjudizes gedacht. So wird in den Leitsatz der Passus aufgenommen: „Klarstellung von BVerwGE...“[41], „Fortsetzung der Rechtsprechung von BVerwGE...“[42],

---

[36] AP Nr. 12 zu § 2 ArbGG, Zuständigkeitsprüfung, mit Anmerkung von Böticher.

[37] In den ersten 100 mit Gründen veröffentlichten Entscheidungen im zweiten Band von NJW 1964 zitieren 11 Urteile kein Präjudiz.

[38] NJW 17 (1964) 1385 (auch in BVerwGE 18, 14 ff. in gleichem Umfang abgedruckt).

[39] OVGE 18, 1 ff.

[40] JZ 17 (1962) 771.

[41] BVerwG DVBl 82 (1967) 694.

[42] BVerwG DVBl 82 (1967) 291

„Fortführung von BGHSt ... und BGHSt ..."[43], „Anwendung von
BGHSt..."[44], „Weiterführung von BGHSt..."[45], „Ergänzung zu..."[46],
„im Anschluß an..."[47], „insbesondere unter Berücksichtigung des BGH-
Urteils vom..."[48], „vgl...."[49], „ebenso RGSt..., OGHSt..."[50], „wie
..."[51], „Bestätigung von ..."[52], „hält an der Auffassung fest ...
(BGHSt...)"[53], „Weiterentwicklung von..."[54]. Daß den Präjudizien
solche Wirkung zukommt, liegt an dem Bestreben der meisten Richter,
die Urteile berufungs- und revisionssicher zu machen (es gibt eine
aktenmäßige Kontrolle darüber, wieviel Urteile von der nächsten Instanz aufgehoben werden)[55]. Das wird verständlicherweise nicht offen
zum Ausdruck gebracht; nur das Oberlandesgericht Düsseldorf[56]
äußerte einmal, es halte zwar seine, in einem früheren Beschluß geäußerte Ansicht, daß in einer bestimmten Frage die Arbeitsgerichte
nicht zuständig sind, für richtig und die konträre des Bundesarbeitsgerichts für falsch; es müsse jedoch jetzt die Auffassung des Bundesarbeitsgerichts zugrunde legen, da in einem Arbeitsgerichtsprozeß eine
abweichende Entscheidung wegen der Divergenzrevision (§ 72 I 2
ArbGG) praktisch bedeutungslos sei.

Dieses Streben nach berufungs- und revisionssicheren Urteilen findet
einen weiteren statistischen Niederschlag: Während nur etwa 25 %
aller veröffentlichten Entscheidungen der Bundesgerichte wenigstens
eine Literaturstimme zitieren[57], beträgt die entsprechende Zahl für die

---

[43] BGH NJW 19 (1966) 115.

[44] BGH NJW 16 (1963) 1931.

[45] BGHSt 20, 1.

[46] BGH NJW 15 (1962) 637; 18 (1965) 2308; 21 (1968) 1778; BVerfGE 13, 31;
BFH NJW 21 (1968) 1952.

[47] BGHSt 3, 241; 9, 101; 12, 94; 17, 230; 18, 112, 114; 19, 350, 355; 20, 87;
BGH NJW 21 (1968) 1789; BSG NJW 21 (1968) 1302; BVerwG NJW 21 (1968)
717; BayObLG NJW 20 (1967) 1285; OLG Frankfurt am Main NJW 21 (1968)
1793; OLG Hamburg NJW 19 (1966) 362; OLG Köln NJW 19 (1966) 1183.

[48] OLG München RzW 13 (1962) 159.

[49] BGHSt 21, 11; BGH NJW 15 (1962) 749; BAG NJW 20 (1967) 549 f.;
BVerwG DÖV 21 (1968) 579; OLG Celle NJW 14 (1961) 1079.

[50] BGH NJW 4 (1951) 970.

[51] BGHSt 3, 353; OLG Köln Urteil vom 28. 7. 1964, Entscheidungen der
Oberlandesgerichte zum Straf- und Strafverfahrensrecht, zu § 185 StGB;
OLG Stuttgart NJW 21 (1968) 1792.

[52] BAG NJW 21 (1968) 1648; OVG Münster OVGE 14, 315.

[53] BGH NJW 21 (1968) 710.

[54] OLG Celle NJW 21 (1968) 1785.

[55] *Bull* Die Zeit Nr. 19 vom 10. 5. 1968 S. 48.

[56] NJW 15 (1962) 1776.

[57] Für den Beginn der Rechtsprechung in der Bundesrepublik habe ich
BGHSt Bd. 6 untersucht (nicht Bd. 1, weil sich erst wieder ein stylus curiae
bilden mußte) mit dem Ergebnis, daß 23 der ersten 100 Entscheidungen

Ländergerichte etwa 80 %[58]; diese wollen offensichtlich unter dem Druck der Rechtsmittel ihre Auffassung nach allen Richtungen hin abstützen.

Richter, Anwalt und Notar sind zur Beachtung der höchstrichterlichen Präjudizien verpflichtet; übersehen sie eines, machen sie sich schadensersatzpflichtig[59].

Wie schnell der Unterschied zwischen Präjudiz und Gesetz verwischen kann, mögen zwei Beispiele zeigen. Das Landgericht Braunschweig[60] beruft sich zur Begründung der Vormerkbarkeit bedingter Ansprüche auf eine Entscheidung des Landgerichts Freiburg; das Gesetz (§ 883 I 2 BGB: „Die Eintragung einer Vormerkung ist auch zur Sicherung eines künftigen oder eines bedingten Anspruchs zulässig") wird nicht erwähnt.

In ähnlicher Weise verfährt das Amtsgericht Wattenscheid:

„Nach der in der Deutschen Rechtsprechung Bl. III (380) Bl. 60 zu Ziff. d. abgedruckten Entscheidung des Bundesgerichtshofes ist die Fahrlässigkeit einer Ordnungswidrigkeit nur bei ausdrücklicher gesetzlicher Bestimmung ahndbar[61]."

Auch dieses Gericht berücksichtigt nicht das Gesetz (§ 11 I OWiG in der zur Zeit des Beschlusses geltenden Fassung: „Eine Ordnungswidrigkeit kann nur bei vorsätzlichem Handeln geahndet werden, sofern nicht durch Gesetz etwas anderes bestimmt ist").

Ob in diesen Fällen das Präjudiz bewußt dem Gesetz vorgezogen wurde oder ob es sich um eine Fehlleistung handelt, ist als Symptom gleichbedeutend.

Abschließend soll eine in der Praxis wichtige Fallgruppe erwähnt werden, die als Beispiel dafür dienen soll, daß das Präjudiz (hier: die strengen Scheidungsurteile des Bundesgerichtshofes) seine Wirkung verliert, wenn das erkennende Gericht den Interessen beider Parteien entgegenkommt und damit Rechtsmitteleinlegung nicht zu fürchten ist (die Staatsanwaltschaft kann nur bei Nichtigkeitsklagen Rechtsmittel nach §§ 631, 634 ZPO einlegen). Nach den §§ 42 f. EheG kann

---

wenigstens einen Vertreter der Rechtslehre zitieren (23 %). Für die jüngste Zeit betrachtete ich BVerwGE Bd. 26, in dem 14 der ersten 50 Entscheidungen mindestens einen Schrifttumshinweis geben (28 %).

[58] Im zweiten Band von NJW 1967 zitieren 77 der ersten 100 Entscheidungen der Ländergerichte die Lehre.

[59] Die einschlägige Rechtsprechung stellt *Schneider* MDR 16 (1962) 524 Anm. 29 zusammen.

[60] NJW 10 (1957) 469.

[61] Unveröffentlichter Beschluß 3 Gs 311/66 vom 10. 7. 1968, Bl. 4 der Begründung.

Scheidung verlangt werden, wenn der Partner die Ehe gebrochen hat oder sonstige Eheverfehlungen die Ehe zerrüttet haben, sodann bei Geistes- oder schwerer ansteckender oder ekelerregender Krankheit. Einverständliche Scheidungen sind ausgeschlossen. Wie autonom die Gerichte sich gegenüber diesen Bestimmungen verhalten, zeigt zunächst einmal die Schnelligkeit des Verfahrens: Eine großstädtische Zivilkammer erläßt täglich ungefähr 15 Ehescheidungsurteile, das ist die Hälfte ihrer Tagesarbeit; daneben gibt es Spezialkammern, die sich nur mit Ehescheidung beschäftigen[62]. Erhard[63] hat aus dem von Hirschmann[64] mitgeteilten Pensenschlüssel ein Tagespensum von sechs Urteilen in Ehesachen für einen Richter errechnet. Wohin diese Arbeitslast führen kann, berichtet Wolf[65]:

„Manche Richter eines bestimmten LG, die nach 1945 in ländlichen Bezirken Sitzungen abhielten, gingen in ihrem Bestreben nach schneller Erledigung so weit, daß sie nicht selten abends mit mehr Scheidungsurteilen zurückkamen, als am Morgen Sachen zur Verhandlung angestanden hatten. Die Rechtsanwälte brachten zu solchen Terminen neue Scheidungswillige mit und reichten die Klage ein. Die Beklagten verzichteten auf deren Zustellung, auf die Wahrung der Einlassungsfrist und auf die Ladung. Darauf wurde sofort der Termin anberaumt und die Ehe geschieden. Der Protokollführer brachte abends die Protokolle und Urteile zum LG, wo nachträglich Akten angelegt und die Aktenzeichen in die Urteile eingesetzt wurden."

Ein solches Pensum können die Gerichte nur bewältigen, wenn sie trotz des Untersuchungsgrundsatzes (nur in favorem matrimonii, § 622 II ZPO) auf jede Aufklärung verzichten. Das tun denn auch sowohl scheidungsfreundliche als auch scheidungsfeindliche Gerichte. Die scheidungsfeindlichen handeln regelmäßig so aus fiskalischen Gründen[66], da die Kosten für Zeugen und für andere Beweismittel als die Parteivernehmung der Fiskus zu tragen hat, wenn sie nicht beitreibbar sind; Kostenvorschuß nach § 379 I ZPO kann der Richter nicht verlangen, da keine Partei Beweisführer ist, und beide auch den Beweis gar nicht erbracht sehen möchten; sie wünschen einen der Prozesse, die „über die Bühne"[67] gehen und „in denen die Ehen kurz und schmerzlos aufgrund erfundener Tatsachen geschieden werden"[68]. Bei scheidungsfreundlichen Gerichten bestehen überhaupt keine Schwierigkeiten. Erstaun-

---

[62] *Wolf* in *Wolf-Lüke-Hax*, Scheidung S. 214.

[63] Eheprozeß S. 1 Anm. 1.

[64] DRiZ 33 (1955) 243.

[65] In *Wolf-Lüke-Hax*, Scheidung, S. 214 Anm. 90.

[66] *Müller-Freienfels*, Ehe S. 245 f.

[67] *Becker* FamRZ 3 (1956) 93.

[68] *Schiffer* JZ 8 (1953) 8.

liches läßt sich beobachten: Die Ehefrau benennt die Ehebruchszeugin, die geladen wird, dann aber ihre Aussage verweigert. Mitunter werden in den Prozessen immer wieder dieselben Ehebruchszeuginnen vor Gericht zitiert, die dieses Spiel gewerbsmäßig und entgeltlich treiben; Bosch[69] hält die Richter nicht für ahnungslos. Er berichtet auch noch aus einem bayerischen Gerichtsbezirk, daß dort der Vorsitzende die Anwälte aufmerksam macht, wenn der Sachvortrag noch nicht zur Scheidung reicht; nach kurzer Unterbrechung erfolgt dann neuer Sachvortrag und wunschgemäße Scheidung.

„Es ist vorgekommen, daß Richter sich auf das mit der Klage begehrte Scheinverfahren unter der Bedingung einließen, daß die Anwälte ihnen unter der Hand die Wahrheit mitteilten[70]."

Das Landgericht München I benutzt sogar Vordrucke für „Konventionalscheidungen"[71].

---

[69] FamRZ 13 (1966) 63.
[70] *Wolf* in *Wolf-Lüke-Hax*, Scheidung S. 217 Anm. 101.
[71] *Wiesner* FamRZ 8 (1961) 165.

E. Der Einfluß der Rechtslehre

Oben unter D. VI haben wir bereits festgestellt, daß etwa 25 % der Bundesgerichts- und etwa 80 % der Ländergerichteentscheidungen auf die Rechtslehre eingehen; da nur die rechtlich interessanten Urteile veröffentlicht werden und die juristisch unproblematischen Urteile sich in geringem Maße mit der Lehre auseinandersetzen dürften, wird der Prozentsatz etwas niedriger liegen.

Dabei ist jedoch zu berücksichtigen, daß das Schrifttum zum großen Teil von Praktikern verfaßt wird. Manche der von Richtern verfaßten Arbeiten haben eine besondere Stellung. So wird beispielsweise der von hohen Richtern verfaßte Kommentar zum Bürgerlichen Gesetzbuch von „Palandt" — übrigens der juristische Bestseller[1] — in zahlreichen Urteilen ausschließlich verwandt[2] (ein Extremum ist das umfangreiche Urteil des Oberlandesgerichts München vom 14. 11. 1966[3], in dem an sieben verschiedenen Stellen zu den bürgerlich-rechtlichen Fragen jeweils nur der „Palandt" zitiert wird). Von den reinen Richterkommentaren[4] kommt außerdem dem Reichsgerichtsrätekommentar zum Bürgerlichen Gesetzbuch eine besondere Bedeutung zu, da er überwiegend von Bundesrichtern verfaßt ist und damit die offiziöse Ansicht des Bundesgerichtshofes darstellt. Auch dieser Kommentar wird mitunter ausschließlich verwandt[5].

---

[1] *Bull* Die Zeit Nr. 19 vom 10. 5. 1968 S. 48.

[2] BGH NJW 17 (1964) 1221 ff.; KG NJW 15 (1962) 54 f.; 21 (1968) 1387 f.; OLG Frankfurt a. M. BetrBer 8 (1953) 42 f.; NJW 20 (1967) 1372; OLG Hamburg MDR 7 (1953) 685; OLG München NJW 20 (1967) 1326 ff.; LG Augsburg NJW 21 (1968) 1331 ff.; LG Bremen NJW 21 (1968) 1384; LG Nürnberg-Fürth NJW 17 (1964) 1230; BVerwG NJW 17 (1964) 1239 f.; OVG Münster OVGE 18, 138; ArbG Offenburg NJW 8 (1955) 1944.

[3] NJW 20 (1967) 1326 ff.

[4] z. B. *Baumbach-Lauterbach,* Zivilprozeßordnung; *Bender,* Jugendgerichtsgesetz; *Geiger,* Gesetz über das Bundesverfassungsgericht; *Gerold,* Ehegesetz, *Gerold - Schmidt,* Bundesgebührenordnung für Rechtsanwälte; *Heitzer-Oestreicher,* Bundesbaugesetz; *Keidel-Keidel,* Freiwillige Gerichtsbarkeit; *Potrykus,* Gesetz über die Verbreitung jugendgefährdender Schriften; derselbe, Jugendschutzgesetz; *Rotberg,* Gesetz über Ordnungswidrigkeiten; *Schrödter,* Bundesbaugesetz; *Thomas-Putzo,* Zivilprozeßordnung.

[5] BGH NJW 15 (1962) 34 ff.; 17 (1964) 1223 f.; 21 (1968) 985 f.

F. Der Einfluß außerjuristischer Faktoren

I. Naturwissenschaft und Technik

„Die wichtigste Hilfe, welche dem Untersuchungsführer zur Seite steht, sind die Sachverständigen, welche oft die entscheidenste Erkenntnisquelle für das gerichtliche Urteil bilden[1]."

Die Konsequenzen aus dieser allbekannten Situation zu ziehen, schlug Schröder bereits 1960 dem Deutschen Juristentag vor:

„Wenn ein erheblicher Teil der strafgerichtlichen Entscheidungen von kriminologischen Diagnosen und Prognosen abhängt, so ist es m. E. einer Überlegung wert, ob man nicht auch den Sachverständigen, der dann die Entscheidung — wie schon heute in vielen Fällen — praktisch zu treffen hat, mit richterlicher Verantwortung belasten und neben dem juristischen Richter und dem Laienrichter den Sachverständigen-Richter auf die Richterbank bringen muß[2]."

II. Anthropologie und Populärwissenschaft

In einem Prozeß um die Indizierung einer sexualhygienischen Aufklärungsschrift nach dem Gesetz über die Verbreitung jugendgefährdender Schriften nahm das Oberverwaltungsgericht Münster folgendermaßen Stellung:

„Eine solche mit der bundesdeutschen Gesetzeslage und den ihr zugrunde liegenden sittlichen Wertvorstellungen in Einklang stehende Erziehung ist freilich ohne rechtzeitig einsetzende sachgemäße Aufklärung auf sexuellem Gebiete nach übereinstimmender Ansicht der Jugendpsychologen, Humanbiologen und Sexualwissenschaftler nicht denkbar. Die sexuelle Aufklärung hat dabei dem Rechnung zu tragen, daß die Geschlechtsreife heute im Bundesgebiet bei beiden Geschlechtern um 1½ bis 2 Jahre früher eintritt als in der Zeit vor 50 Jahren. Die Auswirkungen der Pubertät hat der junge Mensch also heute im 14./15. Lebensjahr oder noch früher zu bewältigen. Denken, Wille und Gemüt, die noetischen Funktionen, entfalten sich hingegen in der Regel erst im 17. bis 19. Lebensjahr voll.

Vgl. hierzu Muchow, Sexualreife und Sozialstruktur der Jugend, Rowohlt-Verlag (rde Bd. 94), 1959, insbesondere S. 86 f.; Hunger, Das Sexualwissen der Jugend, Reinhardt-Verlag, 2. Aufl. 1960; Tilmann, Aufgaben und Wege geschlechtlicher Erziehung, Echter-Verlag, 1962.

---

[1] *Groß*, zitiert bei *Hepner*, Sachverständiger S. 19.
[2] *Schröder*, Aufgaben S. E 3.

Kennzeichnen Instinktunsicherheit und Antriebsüberschuß das Geschlechts-
verhalten des Menschen überhaupt weitgehend mit ihren möglichen Gefahren für eine sittliche Lebensführung,

vgl. Schelsky, Soziologie der Sexualität, Rowohlt-Verlag (rde Bd. 2), 1955,
11 f.; derselbe, Die Sexualität des Menschen, Handbuch der medizinischen
Sexualforschung, herausgegeben von Giese, Enke-Verlag, Stuttgart 1955,
241 f.; ferner a.a.O. zum Thema insbesondere v. Gebsattel S. 1 f., Giese
S. 223 f., v. Stockert S. 281 f.,

so läßt das zeitliche Auseinanderklaffen zwischen der Geschlechtsreife und
der Reife von Denken, Wille und Gemüt in der Entwicklung des jugendlichen Menschen die erhöhten Gefahren besonders deutlich werden, die sich
für ihn aus einer erzieherisch bedenklichen Sexualaufklärung ergeben. Zu-
dem kommt bei ihm die jugendgemäße, aber unter den heutigen Verhält-
nissen besonders starke allgemeine Verhaltensunsicherheit hinzu, die sogar
in der Welt der Erwachsenen zu beobachten ist.

Vgl. hierzu Schelsky, Die skeptische Generation, Diederichs-Verlag, 1957,
42; ferner Muchow, a.a.O, auch zur veränderten Situation der Jugend
gegenüber der von Spranger, Psychologie des Jugendalters, Quelle &
Meyer, 1960, behandelten Generation.

Erfolgt keine rechtzeitige Aufklärung des Jugendlichen über geschlechtliche Vorgänge, auf welche die eigene geschlechtliche Reifung und die Um-
welt mit ihrer Reizüberflutung, gerade auch im Bereich der Sexualität,
seine Vorstellungswelt mehr oder minder deutlich hinlenken, so bringt das
nach heute einhelliger Ansicht erzieherisch große Gefahren. Ein sexuelles
‚Tabu‘, wie es früher in der Erziehung vielfach gewahrt wurde, ist unter
diesen Umständen als erziehungswidrig abzulehnen... Es vermittelt nur
einem, wie erwähnt, möglichst breiten Leserkreis in populärer Form, die
sich auch aus der Behandlung des Themas vornehmlich in Fragen und Ant-
worten ergibt, sexualhygienisches Wissen und Ratschläge für sexuelle Ver-
haltensweisen... Mit einschlägigen wissenschaftlichen Werken (etwa dem
bereits erwähnten von Giese herausgegebenen Werk: Die Sexualität des
Menschen, Handbuch der medizinischen Sexualforschung, Enke-Verlag, Stuttgart 1955) ist die vorliegende Schrift nicht zu vergleichen[3]."

In anderen Fällen greift die Rechtsprechung aber selbst auf populär-
wissenschaftliche Werke zurück. So legt beispielsweise das Oberlandesgericht Hamm[4] seiner Definition des „Wasserskifahrens" im Sinne der
Verordnung über das Wasserskifahren auf den Bundeswasserstraßen
die Erklärung des „Großen Brockhaus" zugrunde. Ebenso übernehmen
zahlreiche Gerichte[5] die Kunstdefinition des „Großen Brockhaus".

---

[3] OVGE 18, 215 ff.
[4] NJW 21 (1968) 664.
[5] BVerwGE 23, 107; OVG Koblenz DVBl 81 (1966) 580; VG Köln littera 3
(1964) 93 ff.; LG Hamburg NJW 16 (1963) 675.

III. Philosophie, Geschichtswissenschaft, Poetik
Malerei, bildende Kunst und Musik

Im Jahre 1966 hatte sich das Bundesverwaltungsgericht mit der Frage zu beschäftigen, ob die kriegsverherrlichende Schrift „Ein sonderlicher Haufen. Die Saga vom Sturmbattaillon 500" jugendgefährdend ist. Die Klägerin hatte ausgeführt, eine positive Einstellung zum Krieg sei nicht verdammenswert, da ein Krieg ohne den Willen Gottes nicht ausbrechen könne. Das Bundesverwaltungsgericht replizierte:

„Immerhin sei zu der Behauptung, daß der Mensch sich dem Kriege, weil er ohne Gottes Willen nicht sein könne, bejahend zu fügen habe, auf einen Satz hingewiesen, den Rousseau schon vor 200 Jahren geschrieben hat: „Toute puissance vient de Dieu, je l'avoue; mais toute maladie en vient aussi; est-ce à dire, qu'il soit défendu d'appeler le médicin?" (Du contrat social 1, 3)[6]."

Auch die Arbeiten von Historikern können Grundlage von Entscheidungen sein. So zitiert das Oberlandesgericht München in einer Entscheidung[7] sechsmal H. G. Adler, Die verheimlichte Wahrheit, Theresienstädter Dokumente, Tübingen 1958.

Erstaunlich ist ein Beschluß des Landgerichts Flensburg[8]. Der Leitsatz lautet:

„Legehennen sind Nahrungsmittel im Sinne des § 370 Abs. 1 Nr. 5 StGB (in Übereinstimmung mit Wilhelm Busch)."

In den Entscheidungsgründen heißt es:

„Hühner werden gehalten — wie der geniale Beobachter des Volkslebens, Wilhelm Busch, es formuliert —, ‚einesteils der Eier wegen, welche diese Vögel legen, zweitens, weil man dann und wann einen Braten essen kann, drittens aber nimmt man auch ihre Federn in Gebrauch...' Wenn König Heinrich IV. von Frankreich, Heinrich von Navarra, der ‚gute König', wie in allen französischen und deutschen Schulbüchern zu lesen ist, um 1600 zum Herzog von Savoyen gesagt hat: ‚Ich wünsche, daß sonntags jeder Bauer sein Huhn im Topf hat', so hat er dabei sicher nicht nur an ein altes Suppenhuhn gedacht. Auch bei den Brathändl auf der Oktoberwies'n, beim Hamburger Küken, beim üblichen Kükenbraten, der Hühnersuppe sonntags, bei Beerdigungen, bei ‚Besuch' und anderen festlichen Gelegenheiten auf dem Lande werden keineswegs nur die alten abgängigen Hühner oder nur Hähne gegessen... Wohl fast jeder weiß seit seiner Kindheit, daß Wilhelm Busch den beiden Buben Max und Moritz zutraut, zu zweit drei Hühner und einen Hahn zu einer Mahlzeit aufzuessen."

Allerdings ist bei diesem Beschluß zu berücksichtigen, daß er am 1. 4. verkündet wurde. Aber nicht nur im April stützt sich der Richter auf

---

[6] BVerwGE 23, 118.

[7] RzW 13 (1962) 160.

[8] MDR 10 (1956) 374 f.

die Poetik. Im November 1958 hatte das Oberverwaltungsgericht Münster die Frage zu entscheiden, ob S. Sommers Schrift „Meine 99 Bräute" jugendgefährdend ist. Es führt aus:

„Die Tatsache jedoch allein, daß der Gehalt eines Romans wahrheitswidrig ist, schließt noch nicht aus, daß er ein positiv zu bewertendes Kunstwerk ist. Es gibt zahlreiche mit Recht anerkannte Werke der Weltliteratur, in denen irrige Auffassungen vertreten werden ... Es sei hingewiesen auf das Wort Goethes: ‚Die Kunst ist ernsthaftes Geschäft, am ernsthaftesten, wenn es sich mit edlen, heiligen Gegenständen beschäftigt' (Goethe: Maximen und Reflexionen, Alfred Kröner Verlag Nr. 806). Thomas Mann verlangt von dem Künstler, daß er die Welt auf eine ganz andere Weise als durch moralische Lehre verbessere, nämlich indem er sein Leben und auf eine stellvertretende Weise das Leben überhaupt, im Wort, im Bild, in Gedanken befestige, ihm Sinn und Form verleihe und die Entscheidung durchsichtig mache für das, was Goethe ‚des Lebens Leben' nannte: Den ‚Geist' (‚Der Künstler und die Gesellschaft' in: Deutscher Geist, Suhrkamp-Verlag, 2. Band, S. 703) ... Ein Autor, der diesen bequemen Weg mitgeht, mißachtet die Forderung an den Künstler, wie sie Thomas Mann formuliert, und macht dadurch sein Werk als Kunstwerk wertlos[9]."

Hierher gehört auch der Fall, daß die Biographie von Dichtern zur Urteilsfindung herangezogen wird. In der Entscheidung, ob W. Schamonis Roman „Dein Sohn läßt grüßen" jugendgefährdend ist, äußert das Bundesverwaltungsgericht:

„Schließlich ist es für die Frage, ob dem indizierten Buch der Kunstvorbehalt des § 1 Abs. 2 Nr. 2 GjS zuzubilligen ist, auch unerheblich, daß der Verfasser des Buches das Abiturienten-Examen nicht bestanden hat. Insofern genügt ein Hinweis auf die gerichtsbekannte Tatsache, daß Gerhart Hauptmann die Realschule, nachdem er sich in ihrer Quinta zweieinhalb Jahre aufgehalten hatte, als Quartaner verlassen hat[10]."

Ebenso geschieht es mitunter, daß Gerichte ihre Entscheidungen mit Entwicklungen der Malerei begründen. In dem erwähnten Prozeß um S. Sommers Schrift „Meine 99 Bräute" führt das Oberverwaltungsgericht Münster aus:

„Es kann der Auffassung des Landesverwaltungsgerichts nicht beigetreten werden, die Sprache sei eine Vermengung von nicht ‚flüssigem' Hochdeutsch mit einer vielfach gemischten, oft primitiven Ganovensprache und genüge *darum* nicht den Anforderungen, die an ein künstlerisches Buch zu stellen seien. Wie hart, abstoßend und von allen herkömmlichen Formen abweichend die Sprache eines Künstlers sein kann, zeigen besonders deutlich Werke der bildenden Kunst, etwa die Gemälde von Hieronymus Bosch, die Radierungen von Franzisko de Goya oder die Kriegsbilder von Picasso[11]."

Auch Entwicklungslinien der bildenden Kunst können für die Entscheidung eines ganz anderen Rechtsstreites bedeutsam werden. Das

---

[9] OVGE 14, 196 f.
[10] DVBl 82 (1967) 692, insoweit in BVerwGE 25, 318 ff. nicht abgedruckt.
[11] OVGE 14, 197.

Oberverwaltungsgericht Münster hatte sich 1963 anläßlich einer Tour-
nee des Jazz-Ensembles Louis Armstrong mit der Auffassung des beklagten Kultusministers auseinanderzusetzen, Jazz könne nicht das
Kunstniveau der europäischen Musik erreichen und daher nie „künst-
lerisch hochstehend" im Sinne des § 3 Abs. 1 Nr. 2 des damaligen nordrhein-westfälischen Vergnügungssteuergesetzes sein. Das Gericht meint:

> „Es handelt sich also um Musik, die von einer anderen Rasse — nicht
> ohne Berührung mit abendländischer Musik — auf einem dritten — dem
> amerikanischen — Kontinent geschaffen worden ist, und die deshalb ebenso
> Kunst wie die europäische Musik sein kann. Eine ähnliche Entwicklung
> hat in der bildenden Kunst stattgefunden. Noch vor rund 150 Jahren wur-
> den nur Werke der griechisch-römischen Antike, des europäischen Mittel-
> alters, der Renaissance und des Barock als Kunst angesehen. Dann trat zu
> Beginn des 19. Jahrhunderts die Kunst des alten Orients — Ägypten,
> Babylon, Assur und Persien — ins Blickfeld. Um die Jahrhundertwende
> wurde die Kunst Asiens — Indien, China, Japan — entdeckt, bis schließlich
> in den letzten 20 Jahren auch die Werke der sogenannten Exotischen Kunst
> — der Südsee, Central-Afrikas, Mittel- und Süd-Amerikas — als von der
> Tradition Europas zwar verschiedene, aber gleichberechtigte und auch
> gleichwertige Kunstäußerungen angesehen wurden[12]."

Schließlich können auch Erscheinungsformen der klassischen Musik
für die Beurteilung heutiger Streitfälle bedeutungsvoll werden. In
einem zweiten Armstrong-Prozeß hatte das Oberverwaltungsgericht
Münster die Frage zu entscheiden, ob ein Louis-Armstrong-Konzert
unter § 5 Abs. 1 zu b) der damaligen nordrhein-westfälischen Vergnü-
gungssteuerordnung fiel. Nach dieser Vorschrift wurde die Steuer-
ermäßigung für diejenigen künstlerischen Veranstaltungen versagt, bei
denen die Begleitumstände nicht dem künstlerischen Wert entsprechen,
weil zum Beispiel geraucht, getanzt oder Speisen und Getränke gegen
Bezahlung ausgegeben werden.

> „Das war bei den Konzerten des Jazzorchesters der Fall. Die Vortragen-
> den haben sich nicht darauf beschränkt, ihr Instrument kunstgerecht zu be-
> dienen, sondern haben mit ihren Instrumenten auch varietémäßige und
> artistische Vorführungen gezeigt. So hat z. B. der Posaunist zur besonderen
> Belustigung des Publikums zeitweise sein Instrument mit dem Fuße be-
> dient. Des weiteren hat der Bassist nicht nur auf der Baßgeige gespielt,
> sondern mit seiner Baßgeige auf dem Musikpodium auch getanzt. Ebenso
> hat der Schlagzeuger sich zugleich als Artist betätigt, er hat mit den
> Schlagklöppeln jongliert, sie hoch in die Luft geworfen und sie aus der Luft
> wieder aufgefangen. Alle diese äußeren Zutaten zu den musikalischen Dar-
> bietungen als solchen lassen sich auch nicht etwa als noch zur Musik ge-
> hörende musikalische Scherze kennzeichnen, wie sie — wenn auch mit
> anderem zeitgeschichtlich bedingtem Vorzeichen — in der Musikgeschichte,
> z. B. in der Abschiedssymphonie von Haydn, vorgekommen sind[13]."

---

[12] OVGE 18, 277.

[13] OVGE 13, 64.

IV. Kirche und Theologie

In der Entscheidung, ob der Film „Das Schweigen" öffentlich vorgeführt werden darf, bemerkt das Oberverwaltungsgericht Koblenz:

„Die gleiche positive Beurteilung hat der Film ‚Das Schweigen' schließlich auch die Katholische Filmkommission als Beauftragte der Bischöfe Deutschlands erfahren, die ihm zwar die Bewertungsnote 2 EE — für reife Erwachsene mit erheblichen Einschränkungen — zuerkannt, in der Begründung dazu jedoch ausgeführt hat, daß ‚Das Schweigen' neben Antonionis ‚Liebe 1962' und Alain Resnais' ‚Muriel' einer der wichtigsten Filme der letzten Jahre sei, weil er die existentielle Not eines vom Schweigen Gottes belasteten Daseins auf kaum entziehbare Weise augenfällig werden lasse (Nr. 12486, Filmdienst Nr. 2/1964). An anderer Stelle heißt es dazu: ‚Das Gerede um die scheinbaren Pornografica dieses Werkes wird verstummen. Bleiben wird angesichts des Films die Provokation, die er für den nachdenklichen Christen ebenso wie für den nachdenklichen Atheisten bedeutet' (Filmdienst Nr. 9/1963). Die Bewertung des Films mit der Note 2 EE ist durch den Oberausschuß der Katholischen Filmkommission bestätigt worden, der auf die Schockwirkung sowie auf die erheblichen Einwände wegen der gewagten Bildenthemmung hinweist, in seiner Diskussion über den Film aber auch zum Ausdruck gebracht hat, daß dieser ‚ein Anruf an die Seelsorge sei, der gefährdeten Situation des heutigen Menschen in Sorge und Offenheit zu begegnen' (Filmdienst Nr. 10/1964)[14]."

Dasselbe Gericht[15] hatte vierzehn Jahre zuvor bei der Entscheidung über den Film „Die Sünderin" festgestellt, daß dieser Film die Kirchenvertreter zum Austritt aus dem FSK veranlaßt habe. Auch das Oberlandesgericht Düsseldorf[16] betonte in einem Beschluß, gegen die Aufführung des Films „Das Schweigen" bestünden keine Bedenken, da schließlich auch die Katholische Filmkommission gegen die Aufführung des Films vor reifen Erwachsenen keine grundsätzlichen Bedenken erhoben hätte.

Die „christlich-abendländische"[17] oder auch „abendländisch-christliche Auffassung"[18] wird vom Bundesgerichtshof bibelfest belegt:

„Von einem Menschen des abendländischen Kulturkreises muß, auch wenn er sich in seinem Denken und Handeln in starkem Maße von religiösen Vorstellungen und Hoffnungen bestimmen läßt, erwartet werden, daß er zu dieser Einsicht durchdringt, zumal gerade nach einem der wesentlichsten Grundsätze der christlichen Religion, durch die die sittlichen Grundanschauungen dieses Kulturkreises entscheidend mitbestimmt wurden, ‚der Sabbat um des Menschen willen eingesetzt, nicht aber der Mensch um des Sabbats willen da ist' (Mark. 2, 27)...[19]."

---

[14] AS 10, 51 f.
[15] AS 2, 63.
[16] Beschluß vom 25. 3. 1965, Entscheidungen der Oberlandesgerichte zum Straf- und Strafverfahrensrecht, zu § 184 StGB.
[17] BGHSt 8, 83.
[18] LG Flensburg FamRZ 10 (1963) 470.
[19] BGHZ 38, 326.

„Demgemäß bezeugen die christlichen Kirchen, unter sich völlig übereinstimmend und in völliger Übereinstimmung mit der klaren Aussage der Heiligen Schrift alten und neuen Testamentes (1. Mose 3, 16; Ephes. 5, 22—33; Col. 8, 18; 1. Petr. 3, 1) und mit der uralten Ehe- und Familienordnung der Völker, nach der von Gott gestifteten Ordnung der Familie sei der Mann ihr ‚Haupt‘[20]."

Das Bundesverfassungsgericht zieht die Kirche heran, um seiner Auffassung von der Verfassungsmäßigkeit des § 175 StGB Nachdruck zu verleihen:

„Von größerem Gewicht ist, daß die öffentlichen Religionsgesellschaften, insbesondere die beiden großen christlichen Konfessionen, aus deren Lehre große Teile des Volkes die Maßstäbe für ihr sittliches Verhalten nehmen, die gleichgeschlechtliche Unzucht als unsittlich verurteilen[21]."

Häufig appliziert die Rechtsprechung speziell katholische Auffassungen:

„Die sittliche Ordnung will, daß sich der Verkehr der Geschlechter grundsätzlich in der Einehe vollziehe, weil der Sinn und die Folge des Verkehrs das Kind ist[22]."

„Wenn aber die Parteien etwa auch in der Folgezeit diese Art, miteinander zu verkehren (nämlich unter Anwendung chemischer Empfängnisverhütungsmittel, d. Verf.), für die Dauer beibehalten haben, ohne sich Klarheit darüber zu verschaffen, ob dies durch den Gesundheitszustand der Beklagten oder sonstige Gründe noch gefordert würde, so würde darin ein sittliches Versagen liegen...[23]."

Das entspricht katholischer Lehre:

„Wo durch menschliches freies Zutun eines der Zielgüter (besonders der finis primarius) positiv ausgeschlossen wird, liegt ein objektiv schwer schuldhafter Verstoß gegen das Wesen der Ehe vor[24]."

(finis primarius der Ehe ist die Erzeugung von Nachkommenschaft, vgl. CIC canon 1013.)

Aber auch die evangelische Theologie wird berücksichtigt. So stellt der Bundesgerichtshof[25] bei der Frage, ob die Entfernung der männlichen Keimdrüsen rechtlich zulässig ist, auch auf die Ansicht von Thielicke ab („Theologische Ethik", Band 3).

Auch ohne theoretische Erwägungen wird dem Christentum Respekt verschafft. Wer im Austausch gegen Kirchenaustritt Tabak angeboten hat, kann nach der Rechtsprechung des Bundesgerichtshofes[26] und

---

[20] BGHZ 11 Anhang S. 65.

[21] BVerfGE 6, 434 f.

[22] BGHSt (GSSt) 6, 53.

[23] BGHZ 18, 20 f.

[24] *Angermair* im (katholischen) Lexikon für Theologie und Kirche, Bd. 3, Spalte 687.

[25] JZ 19 (1964) 297.

[26] Beschluß vom 28. 12. 1955, zitiert in BVerfGE 12, 3.

Bundesverfassungsgerichts[27] nicht mehr bedingt aus der Strafhaft entlassen werden.

Diese Reverenz erweist die Judikatur den Sekten und außerchristlichen Religionen nicht. Nach Auffassung des Bundesverwaltungsgerichts[28] verstößt ein Lehrherr gröblich gegen seine Pflichten, wenn er minderjährige Lehrlinge für den Übertritt zu den Zeugen Jehovas wirbt und seiner Werbung durch eine bevorzugte Behandlung der dieser Werbung zugänglichen Lehrlinge Nachdruck verleiht. Der Bundesgerichtshof[29] sieht die Menschenwürde eines Mannes durch den Übertritt seiner Frau zu den Zeugen Jehovas verletzt, verneint aber ein Leben unter „menschenunwürdigen Bedingungen" im Sinne des § 47 BEG, wenn ein als Pole getarnter Jude in einem NS-Zwangsarbeitslager die letzten Kriegsjahre verbracht hat[30]. Türkischen Gastarbeitern, die anläßlich des viertägigen größten Religionsfestes des Islam der Arbeit fernblieben, wurde unter Billigung des Landesarbeitsgerichts Düsseldorf[31] fristlos gekündigt.

V. Die ausländische öffentliche Meinung

Der Bundesgerichtshof fällte am 30. 3. 1962 folgendes unveröffentlichtes Urteil (1 StE 1/62):

Der Angeklagte „S. war Anfang 1930 geboren, Volksschüler, mit 13 Jahren bereits Scharführer; kurz vor dem Zusammenbruch, also knapp 15 Jahre alt, wurde er dem Volkssturm zugeteilt und besaß aus dieser Zeit eine Pistole. Der Bruder war im Krieg gefallen. Die vom Bruder hinterlassenen Bücher (alles NS-Literatur) und hinzuerworbene mit antichristlicher und antijüdischer Tendenz wurden verschlungen. S. will noch nach dem Kriegsende einer ‚Werwolforganisation' angehört haben und sogar bis 1957 mit einzelnen dieser Leute, ferner mit ‚Skorzeny-Leuten' und einem ‚Freikorps Schill' in Verbindung gestanden haben. Mit 17 Jahren 1947 Mitglied der ‚Deutschen Rechtspartei', von 1949 bis zum Verbot Mitglied der SRP. Seit 1946 außerdem im ‚Bund junger Adler' (der ebenfalls wegen nationalsozialistischer Tendenz verboten wurde). Dazu war S. eifriger Leser des ‚Reichsrufes' (DRP), der ‚Nation Europa', des ‚Frontsoldaten' usw. usw. ... Dieser Utopia-Bewohner war mit einem fünf Jahre älteren, schon wegen Diebstahls vorbestraften ehemaligen Besucher der ‚Führerschule der HJ' befreundet. Dazu fand sich noch ein weiterer Rechtsextremist und ein syrischer Journalist und Ingenieurpraktikant. Dieses vierblättrige Kleeblatt führte zusammen den von S. ersonnenen Plan durch, und zwar am 20. April 1957,

---

[27] BVerfGE 12, 3.

[28] BVerwGE 15, 134 ff.

[29] BGHZ 38, 326 f.

[30] RzW 14 (1963) 497; diese Parallele zieht *Müller-Freienfels* JZ 19 (1964) 346.

[31] JZ 19 (1964) 258 f.

gleichzeitig zur Erinnerung an den Geburtstag Hitlers und als Demonstration gegen eine propagierte ‚Woche der Brüderlichkeit' zwischen Deutschen und Juden. Schauplatz war der Friedhof der jüdischen KZ-Insassen Salzgitter. Das dort errichtete Denkmal zu Ehren von 185 ermordeten Juden, ein Obelisk mit entsprechender Aufschrift, wurde mit einem Drahtseil umgerissen. An ein in der Nähe befindliches Kreuz für die französischen KZ-Opfer (eine andere Aufhängemöglichkeit war in der Nähe der jüdischen Gräber nicht anzutreffen) hängte S. eine selbstverfertigte Strohpuppe mit einem Schild ‚Deutschland erwache — Israel verrecke'. S. warf noch 78 Grabplatten um, so daß die Inschriften nach unten zeigten[32]."

Der Bundesgerichtshof warf für den Angeklagten S. eine Gesamtstrafe von 6 Jahren Zuchthaus aus. Sie setzt sich zusammen aus einer Zuchthausstrafe von 4 Jahren für die Verabredung verfassungsverräterischer Geheimbündelei und einer Zuchthausstrafe von 4 Jahren für verfassungsverräterische Denkmalsbeschädigung und Friedhofsschändung (§§ 304, 94, 168, 73 StGB). Straferschwerend wird in dem Urteil insbesondere die Echowirkung im Ausland berücksichtigt.

Die Strafzumessung der letzten Verurteilung hat Baumann[33] kritisiert: In einem Kommunistenprozeß hatte der Bundesgerichtshof judiziert, daß der Angeklagte aus Überzeugung gehandelt habe und dies zu seinen Gunsten in die Waagschale falle[34]. Im vorliegenden Falle urteilte er, es sei als strafschärfend zu bewerten, daß S. als fanatischer Gesinnungstäter gehandelt habe. Von 1954 bis 1960 wurden 441 Verurteilungen aus § 94 StGB ausgesprochen (der Strafrahmen des § 168 StGB ist niedriger), und nur eine ging auf Zuchthaus[35].

„Ferner fällt auf, daß jugendliches Alter der Täter und politische Verführung in diesem in den vergleichbar gefährlichen Fällen jedenfalls zum Absehen von der Zuchthausstrafe geführt hat. So wird gegenüber leitenden Funktionären des Hauptausschusses für Volksbefragung ihre Jugend und die Verhärtung der Weltanschauung in der Jugend strafmildernd bewertet. Trotz besonderer Gefährlichkeit für die Bundesrepublik war das Strafmaß bei §§ 129 II, 94 StGB nicht höher als 3 Jahre Gefängnis. Im Angenforth-Urteil wird die politische Verführung im Alter von 19 Jahren strafmildernd berücksichtigt. Im Funktionärsurteil heißt es auf S. 212, daß zugunsten der Angekl. ins Gewicht fiel, daß sie noch recht jung und in einem Alter der FDJ beigetreten seien, in dem sie wohl kein sicheres eigenes Urteil haben konnten.

Besonders klar kommt dieser Gedanke auch im Urteil gegen Funktionäre der Sozialistischen Aktion zum Ausdruck. Da ist zwar S. 383 die Rede von einer ‚geraden tödlichen Gefahr für die freiheitliche Ordnung der Bundesrepublik', dennoch führt u. a. die ‚Jugend' der Täter zu einem Höchststrafmaß von 3½ Jahren Gefängnis. Schaut man genau nach, so waren die dort

---

[32] *Baumann* MDR 17 (1963) 88 f.
[33] MDR 17 (1963) 87 ff.
[34] Hochverrat 2, 240.
[35] *Baumann* MDR 17 (1963) 91.

angesprochenen und so bezeichneten Täter um die 30 herum und darüber, also älter als der hier abgeurteilte S.[36]."

Man kann mit Baumann[37] eine erstaunliche Parallele ziehen: Das Landgericht Ansbach verurteilte den SS-Führer Leo Patina wegen eigenhändiger Erschießung von 10 Polen zu 15 Monaten Gefängnis — S. erhielt 6 Jahre Zuchthaus.

VI. Die inländische öffentliche Meinung

In der Entscheidung über die Polizeiwidrigkeit des Films „Die Sünderin" führt das Oberverwaltungsgericht Koblenz aus:

„Dabei ist aber festzustellen, daß die maßgebenden Blätter, und zwar auch solche ausgesprochen liberaler Prägung, den Film eindeutig abgelehnt haben. An Stelle ähnlich scharfer Ablehnungen in führenden Zeitungen und Zeitschriften wie die ‚Neue Zeitung‘, ‚Rheinischer Merkur‘, ‚Frankfurter Neue Presse‘, ‚Der Mittag‘, ‚Die Zeit‘ sei nur folgende herausgegriffen: In einer Besprechung der bekannten liberal gerichteten ‚Frankfurter Allgemeinen Zeitung‘ sind die Werturteile enthalten: ‚anrüchig — widerwärtig — anstößig — verderbt — übler Schmarren — ekelhaft — lächerlich — unfaßlich — jenseits der Grenze des Zulässigen, besser des Anstandes‘. Die Kritik in der sicherlich nicht als klerikal oder prüde zu bezeichnenden Frauenzeitschrift ‚Constance‘ (Heft 8, April 1951), gipfelt darin, daß der Film von innerer Verlogenheit strotze und alle Begriffe von Anständigkeit, Moral, Gewissen, Liebe, Gottesglauben, Ehrenhaftigkeit, sozialem Gerechtigkeitsgefühl, ärztlicher Gesittung, einfach auf den Kopf stelle. Die Besprechung in der Frankfurter Zeitschrift ‚Hier und Heute‘ durch den bekannten Publizisten und Rundfunkkommentator Walter Dirks, enthält die Sätze: ‚So zentral lügt dieser Film, daß er selbst den Tod umlügt... Das Schlimmste ist nicht der Mord und der Selbstmord, sondern wie hier der Tod umgelogen wird... Dagegen soll man sich nicht nur um der christlichen Wahrheit über den Tod willen wehren, sondern um der Wahrheit jedes Menschen willen... Bemerkenswert ist in diesem Zusammenhang auch, daß die führende Tageszeitung im Koblenzer Raum, die ‚Rhein-Zeitung‘, es abgelehnt hat, Anzeigen für die ‚Sünderin‘ zu veröffentlichen und überdies den Film in der Ausgabe vom 12. Februar 1951 wie folgt besprochen hat:

‚Die Sünderin ist einfach gesagt indiskutabel. Sie ist ein zurechtgemachter Schundroman, der auf junge Menschen verheerend wirken muß‘[38]."

Das Oberlandesgericht Düsseldorf[39] hatte im Jahre 1966 zu entscheiden, ob der Verkauf von Fotografien der Schauspielerin Jayne Mansfield in sparsamer Bekleidung strafbar ist. Es verneinte diese Frage

---

[36] *Baumann* MDR 17 (1963) 91.
[37] MDR 17 (1963) 88 Anm. 12.
[38] AS 2, 63 ff.
[39] NJW 19 (1966) 1186.

mit der Begründung, der Kult der rohen Stärke überwiege den Kult des Geschlechtlichen, und belegte diese Ansicht u. a. mit einem Aufsatz von Sieburg in der Frankfurter Allgemeinen Zeitung.

Das Landgericht Frankenthal führt aus:

„Seit Jahren wird vom Staat und der Gemeinschaft nichts unternommen, daß durch sensationell und reißerisch aufgemachte Zeitungsartikel und Illustriertenserien das Gefühl der Bevölkerung, die Ehe müsse unantastbar sein, der Ehebruch sei aus moralischen und religiösen Gründen verwerflich — nur aus diesem Grunde ist ja erst die Vorschrift des § 172 StGB entstanden als strafrechtlicher Schutzwall — untergraben wird, daß ganze Artikelreihen den Ehebruch als normal, neuerdings sogar als empfehlenswert darstellen, wobei suggeriert wird, es sei für das innere Wohlbefinden gesund. Wenn nichts unternommen wird, derlei Veröffentlichungen und Angriffe auf feste Institutionen zu unterbinden, kann eine Vorschrift wie die des § 172 auch kein Schutzwall gegen Sittenverfall und gegen die Zunahme des Ehebruchs speziell sein. Die wenigen Angeklagten, die auf Grund eines Strafantrags vor Gericht kommen, dürfen dann nicht mehr hart bestraft werden[40]."

VII. Mitleid

Im Jahre 1956 hatte der Bundesgerichtshof[41] folgenden Fall zu beurteilen: A erschoß zwei Menschen und gab dann aus zwei Meter Entfernung einen Schuß in die Brust des X ab. X sank zu Boden und röchelte. Darauf gab ihm B „den Gnadenschuß". Der Bundesgerichtshof verurteilte den A in Übereinstimmung mit der Entscheidung des Schwurgerichts auch wegen vollendeter vorsätzlicher Tötung des X, und zwar auch für den Fall, daß A's Schuß auf X nicht tödlich war. Er lehnte die im älteren Schrifttum teilweise vertretene Lehre vom Regreßverbot ab, nach der das vorsätzliche Tun eines Dritten den Kausalzusammenhang unterbricht, und führte aus, daß A's Schuß kausal für B's Gnadenschuß und damit für X's Tod war (A's Schuß kann nicht hinweggedacht werden, ohne daß der Erfolg entfiele).

Zehn Jahre später beschäftigte sich der Bundesgerichtshof[42] mit einem ähnlichen Fall: Ein „hünenhafter Wüterich" hatte seiner Frau und seiner 15jährigen Stieftochter das Leben sehr schwer gemacht. Eines Tages konnte es das Mädchen nicht mehr ertragen. Sie schlug mit einer verborgen bereitgehaltenen schweren Bratpfanne ihrem Stiefvater von hinten mit voller Wucht in Tötungsabsicht mindestens dreimal auf den Hinterkopf. Dieser fiel sofort zu Boden. Das Mädchen lief dann zur Telefonzelle und benachrichtigte die Polizei. In der

---

[40] NJW 21 (1968) 1686.
[41] 5 StR 434/55, mitgeteilt bei *Dallinger* MDR 10 (1956) 526.
[42] NJW 19 (1966) 1823 ff.

Zwischenzeit schlug die Ehefrau (wie im vorigen Fall ohne vorher-
gehende Verabredung) mindestens einmal mit der Bratpfanne auf den
Mann ein. Als das Mädchen von der Telefonzelle zurückkehrte, schlug
es ebenfalls noch einmal mit der Bratpfanne seinem Vater ins Gesicht.
Es ließ sich nicht feststellen, welcher Schlag oder welche Schläge den
Tod herbeiführten. Auch für den Fall, daß die Schläge des Mädchens
nicht tödlich waren, hätte man sie nach der obengenannten Entscheidung wegen vollendeter Tötung verurteilen müssen, und so entschied
auch das Schwurgericht. Der Bundesgerichtshof hob diese Entscheidung
auf: Wenn nicht ausgeschlossen werden könne, daß erst der Schlag der
Ehefrau tödlich war, dann liege nur Tötungsversuch vor.

Eine ethische Indikation der Schwangerschaftsunterbrechung gibt es
in der Bundesrepublik nicht. Das Landgericht Flensburg[43] hat jedoch
die Abtreibung einer durch Notzucht entstandenen Frucht als recht-
mäßige Notwehrhandlung angesehen.

VIII. Antipathie

Im Jahre 1962 hatte der Bundesgerichtshof[44] folgenden Fall zu entscheiden: Dem angeklagten Russen Stachynskij wurde 1950 vom sowje-
tischen Staatssicherheitsdient eröffnet, die sowjetfeindliche Haltung
seiner Familie sei bekannt. Er könne sie vor schweren Folgen bewah-
ren, wenn er sich in den Dienst des Staatssicherheitsdienstes stelle.
Das tat er. 1957 wurde ihm befohlen, den R. in München zu töten; das
tat er. Zwei Jahre später sollte er den B. in München töten; das tat er
auch. Trotzdem bestrafte ihn der Bundesgerichtshof nur wegen Bei-
hilfe zum Mord, da der Angeklagte die Befehle mißbilligt und nur aus
menschlicher Schwäche befolgt habe.

Vier Jahre später hatte der Bundesgerichtshof sich wiederum mit der
Abgrenzung von Täterschaft und Teilnahme zu beschäftigen[45]. In einer
Gastwirtschaft hatte sich eine junge Frau geweigert, mit einem Herrn,
der dort Stammgast war, ein zweites Mal zu tanzen. Der Abgewiesene
holte drei männliche Bekannte, die ebenfalls in dieser Gastwirtschaft
Stammgäste waren. Zu viert baten sie die Wirtin um eine Schere, die
ihnen auch ahnungslos gegeben wurde. Mit ihr schnitten sie der jungen
Frau gewaltsam das Haupthaar und einen Teil der Schamhaare ab und
verletzten sie dabei; währenddessen machte die Wirtin einen belustigten
Eindruck. Wurde Stachynskij trotz eigenhändiger voller Tatbestands-

---

[43] FamRZ 10 (1963) 470 f.
[44] BGHSt 18, 87 ff.; der Sachverhalt ist in NJW 16 (1963) 355 f. abgedruckt.
[45] NJW 19 (1966) 1763.

erfüllung als Teilnehmer angesehen, so war jetzt die Wirtin, die keinen Finger rührte und mit den Tätern nicht verabredet war, Mittäterin (einer gefährlichen Körperverletzung in Tateinheit mit Nötigung und Beleidigung).

Ein recht burleskes Beispiel ist folgendes: Der Angeklagte war durch seine Freundin mit dem Ehepaar Scha. bekannt gemacht worden. Im Laufe der Zeit glaubte er Gründe für die Annahme zu haben, daß seine Freundin mit Herrn Scha., dessen rechtes Bein oberschenkel-amputiert war, intime Beziehungen unterhielt. Eines Abends vermu-tete er sie wieder bei Herrn Scha. Er kletterte an dem Haus der Fa-milie Scha. hoch und sah in einem Zimmer Frau Scha. schlafen. Er stieg ein. Daraufhin erwachte Frau Scha. und sagte „komm!" Der An-geklagte übte daraufhin, ohne sich zu entkleiden, mit ihr den Ge-schlechtsverkehr aus. Später behauptete sie, sie habe den Angeklagten für ihren Ehemann gehalten, was der Angeklagte bestritt. Er wurde jedoch vom Landgericht und Oberlandesgericht Koblenz[46] nach § 179 StGB verurteilt.

Schon im Normalfall dürfte eine Verwechselungsgefahr in einer sol-chen Situation wegen der individuellen Eigenheiten nicht bestehen; auf jeden Fall ist aber m. E. eine solche Behauptung unglaubhaft, wenn der eigene Mann oberschenkelamputiert ist und der fremde Mann beim Verkehr angezogen bleibt (das dürfte bei Eheleuten nicht üblich sein).

Ein weiteres Beispiel für scheinbare, aber nur vorgeschobene Naivi-tät des Gerichts ist folgender Fall: Der Angeklagte erzählte mehreren Frauen, sein Augenleiden sei auf eine Herdinfektion zurückzuführen, die nach Auffassung seines Arztes nur dadurch abgebaut werden könne, daß er erotische Impulse von einer Frau auf sich wirken lasse; anderenfalls laufe er Gefahr, zu erblinden oder sogar zu verblöden. Die Frauen waren so von Mitleid gerührt, daß sie über Monate hin-aus mit verschiedenen Sexualpraktiken das Augenleiden zu heilen ver-suchten. Amtsgericht und Landgericht verurteilten den Angeklagten wegen fortgesetzter Beleidigung; rechtfertigende Einwilligung komme nicht in Betracht, da die Frauen getäuscht worden seien. Das Ober-landesgericht Stuttgart[47] hob die Entscheidung der Vorinstanz zwar auf, aber nicht, weil es eine Täuschung verneinte, sondern weil auch eine solche den rechtfertigenden Charakter einer Einwilligung nicht verändere.

---

[46] NJW 19 (1966) 1524 f.

[47] NJW 15 (1962) 62 ff.

IX. Kollegialität

Im April 1968 verurteilte das Landgericht Nürnberg die ehemaligen Richter Ferber und Hoffmann, die im Jahre 1942 als Beisitzer eines Sondergerichts das Todesurteil des Leo Katzenberger wegen Rassenschande unterschrieben hatten, zu drei beziehungsweise zwei Jahren Gefängnis; in der Begründung wird ausgeführt, die beiden Richter hätten sich ihrem Vorsitzenden, einem „moralfreien Manipulator des Rechts", gebeugt.

Im August 1968 verurteilte dasselbe Landgericht unter Vorsitz desselben Richters die ehemaligen Gestapo-Männer Baron und Piecha zu lebenslangem Zuchthaus wegen Mordes in acht beziehungsweise sechs Fällen; in der Begründung heißt es, die Angeklagten seien nur „kleine Mitläufer" gewesen, doch habe die „Endlösung" nicht ohne derartige willige Helfer praktiziert werden können.

Mauz kommentiert beide Urteile:

„Es ist also (bei allem Respekt vor dem Schutz der richterlichen Unabhängigkeit) ein Unterschied, ob sich die ausgebildete Intelligenz von Juristen einem ‚Manipulator' beugt — oder ob simple Männer in Uniform willig helfen[48]."

---

[48] Der Spiegel Nr. 38 vom 16. 9. 1968 S. 34.

G. Rechtsprechung und Gewaltenteilung

Das bisher Ausgeführte legt die Frage nahe, ob diese Situation der Rechtsprechung mit der Idee des an das Gesetz gebundenen Richters übereinstimmt.

Man ist sich darüber einig, daß die Gewaltenteilung geltendes Verfassungsrecht ist. Es herrscht aber Uneinigkeit darüber, ob man sie als geschriebenes[1] oder ungeschriebenes[2] Verfassungsrecht bezeichnen soll. Man geht davon aus,

„daß das Gewaltenteilungsprinzip ‚nirgends rein verwirklicht‘ sei, vielmehr an zahlreichen Stellen des Grundgesetzes durchbrochen werde, wobei dann sogar die Frage entstehen kann, ob eine das Gewaltenteilungsprinzip durchbrechende Verfassungsnorm ggf. als rechtsungültig betrachtet werden müsse[3].“

Soviel ist deutlich, daß das Gewaltenteilungsprinzip kein klar konturierter Verfassungssatz ist, sondern eine historisch entwickelte Theorie, die verschiedenartigen Einfluß auf die Verfassungsgebungen ausübte. Nur in dieser Entwicklung gewinnt er auch konkrete Gestalt.

I. Montesquieus Theorie

Die Gewaltenteilungslehre, die Charles de Secondat, Baron de la Brede et de Montesquieu 1748 in dem sechsten Kapitel des elften Buches seines Werkes „De l'esprit des lois“ veröffentlichte, läßt sich folgendermaßen skizzieren.

Die von den Bürgern gewählte Volksvertretung habe nur die Aufgabe der Gesetzgebung. Es sei jedoch nicht empfehlenswert, nur eine Kammer zu bilden; in jedem Staate gebe es Personen, die durch Ge-

---

[1] Das Gewaltenteilungsprinzip ergibt sich aus Art. 20 GG: nach *Arndt*, Gewalt S. 6; Freiherr *von der Heydte*, Gewaltenteilung Spalte 900; *van Husen*, AöR 78 (1952/53) 50; *Werner* Juristen-Jahrbuch 1 (1960) 70; Art. 20 II GG: *Baur*, Justizaufsicht S. 45; *Leibholz-Rinck*, Grundgesetz 16 zu Art. 20; BVerfGE 7, 188; Art. 20 II, III GG: *Scheuner*, Grundfragen S. 136, 148; Art. 20, 92, 97 GG: *von Braunschweig* NJW 18 (1965) 680; Art. 1 III, 20 III, 92, 97 GG und aus der Trennung der Abschnitte VII, VIII, IX des GG: *Peters*, Gewaltentrennung S. 10 Anm. 22.

[2] *Esser*, Grundsatz S. 71.

[3] *Hesse*, Grundzüge S. 179.

burt, Vermögen oder Ehren hervorragen; wenn sie wie alle nur eine Stimme hätten, wäre die gemeinschaftliche Freiheit für sie Unfreiheit; die meisten Entscheidungen würden sich gegen sie richten, sie könnten ihre Interessen nicht mehr wahrnehmen und verlören so jedes Interesse am öffentlichen Wohl. Sie müssen daher eine zweite Kammer bilden; beide Kammern können gegenseitig intervenieren und ihr Veto einlegen.

Die vollziehende Gewalt solle von einem Monarchen ausgeübt werden, da dieser Teil der Staatsführung des sofortigen Handelns bedarf und somit besser durch einen als durch mehrere Personen wahrgenommen werden soll.

Die richterliche Gewalt sei nicht ständigen Gerichten und nicht Berufsrichtern anzuvertrauen. Vielmehr sollten die Richter zu bestimmten Zeiten im Jahr auf eine vom Gesetz vorgeschriebene Art aus dem Volk gewählt werden. Sie bildeten dann ein Gericht, das nur so lange besteht, wie es notwendig ist. „De cette façon la puissance de juger, si terrible parmi les hommes, n'étant attachée ni à un certain état, ni à une certaine profession, devient pour ainsi dire invisible et nulle." Bei schweren Delikten sei es nötig, daß der Angeklagte seine Richter selbst wählt, jedenfalls aber so viele von ihnen ablehnen kann, daß die übrigen als von ihm gewählt angesehen werden können. Die Richter müßten immer aus dem gleichen Milieu wie der Angeklagte stammen. Die Urteile müßten in einem solchen Grade feststehen, daß sie immer nur Wiedergabe des Gesetzeswortlauts sind. „Mais les juges de la nation sont, comme nous avons dit, que la bouche qui prononce les paroles de la loi; des êtres inanimés qui n'en peuvent modérer ni la force ni la rigueur." Dabei sei auch, wie Montesquieu nicht mehr in „De l'esprit des lois", sondern in einer im Nachlaß gefundenen aphoristischen Sammlung geäußert hat[4], ein drei- oder mehrstufiger Instanzenweg überflüssig; ist der Richter nur „bouche de la loi", so könne es keine Abweichungen in den einzelnen Instanzen geben; gebe es sie doch, so liege es nur daran, daß der Menschengeist so geschaffen ist, daß er ungern den Gedanken anderer folgt und von Natur aus dazu neigt, für falsch zu halten, was Leute geäußert haben, bei denen man eine geringere Intelligenz annimmt als bei sich selbst.

Das System der Gewaltenteilung hat Montesquieu durch ein ebenso detailliertes der Gewaltenhemmung ergänzt: Träte die Legislative lange Zeit nicht zusammen, so könne man nicht mehr von Freiheit sprechen. Denn entweder gäbe es dann keine neuen gesetzlichen Regelungen mehr, so daß der Staat in Anarchie verfällt, oder die Entscheidungen würden durch die Exekutive gefällt, die damit absolut

---

[4] Zitiert bei *Vian*, Histoire S. 35.

würde. Andererseits sei es auch unnötig, daß die Legislative ununter-
brochen tagt. Auf jeden Fall müßten von Zeit zu Zeit generelle Neu-
wahlen stattfinden. Termin und Ort der Versammlung der Legislative
zu bestimmen sei ebenso Aufgabe der Exekutive wie über den Zeitpunkt der Auflösung zu entscheiden.

Die Legislative habe neben der gesetzgebenden auch richterliche
Funktionen. Die Großen eines Landes seien immer dem Neid ausge-
setzt. Könnte man sie vor die aus dem Volk gebildeten Gerichte zitieren, bestünde für sie Gefahr. Sie sollten daher nur von dem Teil der
gesetzgebenden Körperschaft gerichtet werden, der sich aus Adligen
zusammensetzt. Es könne weiterhin vorkommen, daß das Gesetz in
gewissen Fällen zu hart ist. Auch in diesem Falle fungiere der adlige
Teil der Legislative als Gericht. Schließlich könne der Fall eintreten,
daß jemand bei den Staatsgeschäften die Rechte des Volkes verletzt
und Delikte begeht, die aber die zuständigen Organe nicht bestrafen
wollen; diesmal könne die gesetzgebende Gewalt nicht Richterin sein,
da sie eine beteiligte Partei, das Volk, vertritt; in diesem Fall klage
der Teil der Legislative, der das Volk vertritt, vor demjenigen Teil,
der den Adel vertritt.

Der Exekutive billigte Montesquieu ein Vetorecht gegenüber Akten
der Legislative zu. Diese habe gegenüber dem Träger der Exekutive,
dem Monarchen, keine Einwirkungsmöglichkeiten, wohl aber könne
sie seine Minister zur Verantwortung ziehen.

II. Die erste Verwirklichung der Gewaltenteilung: das präsidentielle System der Vereinigten Staaten

1774—1776 hatte sich der Konflikt mit England so zugespitzt, daß sich
der Kongreß der dreizehn englischen Kolonien in Nordamerika gezwungen sah, einen eigenen Staat zu errichten. 1787 wurde der erste
Schritt mit der Berufung des Nationalkonvents nach Philadelphia gemacht. Es lag für die Verfassunggeber nahe, sich mit Montesquieus
Doktrin zu beschäftigen, da als deren Muster ihr eigenes Mutterland
angegeben war. Da Montesquieu die Gewaltenteilung als Schutz der
Freiheit angesehen hatte und Freiheit eben das war, was man erreichen wollte, war man sich über die Rezeption seiner Lehre einig. Aber
das erwies sich als nicht einfach, da in Amerika andere Verhältnisse
herrschten als Montesquieu sie vor Augen hatte: Ständische Gliede-
rung, Monarch und Adel waren nicht vorhanden. Man konnte aus den
einheimischen Familien keine Dynastien machen, auch nicht fremde
Herrenhäuser importieren: Eine erblich privilegierte Aristokratie ließ

sich nicht schaffen, wie Lockes gescheiterter Versuch bewiesen hatte[5]. Hinzu kam noch die Aufgabe, eine bundesstaatliche Regelung zu finden.

Der Konvent schuf für die Bundesverfassung eine zweikammerige Legislative, die aus Repräsentantenhaus und Senat besteht. Die verhältnismäßig kräftige Exekutive wird von dem Präsidenten geführt, der vom Volk gewählt wird. Er hat den Oberbefehl über die Streitkräfte und vertritt das Land nach außen; parlamentarisch ist er nicht verantwortlich. Die Minister sind dem Parlament ebenfalls nicht verantwortlich, sondern nur dem Präsidenten, der sie jederzeit entlassen kann. „Lincoln soll einmal eine Abstimmung im Kabinett folgendermaßen quittiert haben: ,Ein Ja, neun Nein — Ja hat gewonnen‘[6]."

Die Bundesrichter werden von dem Präsidenten unter Zustimmung des Senats ernannt. „Bouche de la loi" können sie nicht sein:

> „Das common Law, das die richterlichen Entscheidungen bis in die jüngste Zeit aufs tiefste beeinflußt, als ein am praktischen Fall erprobtes, von Fall zu Fall langsam gewachsenes Richterrecht, ist das deutlichste Zeichen dieses ihres (der Gerichte, d. Verf.) rechtsgestaltenden Wirkens... Denn hier genießt ja die richterliche Entscheidung, soweit sie sich auf den Verfassungssatz bezieht, die gleiche Verfassungskraft wie dieser selbst[7]."

Die Gewaltenbalance ist in den Vereinigten Staaten durch folgende Institutionen gewährleistet: Die Exekutive hat auf die Legislative insofern einen Einfluß, als der Präsident gegenüber den vom Kongreß erlassenen Gesetzen ein Vetorecht besitzt, das nur durch eine erneute Entscheidung des Kongresses überwunden werden kann, die dann mit einer Zweidrittelmehrheit in beiden Häusern erfolgen muß (Article 1 section 7 clause 2 der Verfassung). Der Legislative steht gegenüber der Exekutive das Recht des impeachment zu. Section 2 clause 5 der Verfassung lautet:

> „The House of Representatives ... shall have the sole Power of Impeachment."

Article I section 3 clauses 6, 7 bestimmen:

> „The Senate shall have the sole Power to try all Impeachments. When sitting for that Purpose, they shall be on Oath or Affirmation... And no Person shall be convicted without the Concurrence of the two-thirds of the Members present. Judgment in cases of Impeachment shall not extend further than to removal from office, and disqualification to hold and enjoy any Office of honor, Trust or Profit under the United States: but the Party convicted shall nevertheless be liable and subject to Indictment, Trial, Judgment und Punishment, according to Law."

---

[5] Locke hatte 1669 auf Anregung Shaftesburys eine aristokratische Verfassung für South Carolina entworfen, die abgelehnt wurde; vgl. *Knust*, Montesquieu S. 87.

[6] *Silberschmidt*, zitiert nach *Hamed*, Prinzip S. 96.

[7] *von Mangoldt*, Rechtsstaatsgedanke S. 321.

Article II section 4 lautet:

„The President, Vice President and all civil Officers of the Unites States, shall be removed from Office on Impeachment for, and Conviction of, Treason, Bribery, or other high Crimes and Misdemeanors."

Was man unter „high Crimes and Misdemeanors" zu verstehen hat, ist streitig. Nach Story[8] müssen es Handlungen sein, die nach Gesetz oder common law strafbar sind. Andere[9] subsumieren auch nichtkriminelle Handlungen unter diesen Begriff. Die Kontroverse hat jedoch wegen des dehnbaren Deliktsbegriffs im common law, zu dem auch schlechte Führung des Amtes gehört[10], wenig Bedeutung.

Das impeachment gegenüber Präsidenten ist durchaus keine obsolete Institution. Wie alle Notstandsregelungen einer jeden Verfassung ist es freilich nicht routinierte Verfassungspraxis; aber noch 1952 war die Rede davon, das impeachment gegen den Präsidenten zu erheben, weil er formal die Stahlindustrie beschlagnahmte, so daß der geplante Streik der Stahlarbeitergewerkschaft nicht stattfinden konnte (ein Streik gegen die Regierung ist verboten)[11].

Die Stellung der Judikative ist vor allem durch das von ihr selbst in Anspruch genommene Recht, sowohl die Gesetze der Einzelstaaten[12] als auch des Bundes[13] auf ihre Verfassungsmäßigkeit zu überprüfen. Umgekehrt besitzt der Kongreß auch Einflußmöglichkeiten auf die Judikative. Er kann einen Bundesrichter (also der United States District Courts, der United States Court of Appeal und des United States Supreme Court) abberufen. Article 3 section 1 der Verfassung bestimmt:

„The Judges, both of the supreme and inferior Courts, shall hold their Offices during good Behaviour..."

---

[8] *Story*, Commentaries §§ 796 ff.

[9] *Dumbauld*, Constitution zu Article II section 4; *Foster*, Commentaries S. 587 Anm. 17.

[10] *Freund*, Recht S. 168 f.

[11] *Loewenstein* AöR 78 (1952/53) 267.

[12] Ware v. Hylton, 3 Dall. 199. 1797; Fletcher v. Peck, 6 Cranch 87, 1810; Martin v. Hunters Lessee, 1 Wheat. 304, 1816; Sturges v. Crowninshield, 4 Wheat. 122, 1819; McCulloch v. Maryland, 4 Wheat. 316, 1819; Darthmouth College v. Woodward, 4 Wheat. 518, 1819; Cohens v. Virginia, 6 Wheat. 264, 1821; Gibbons v. Ogden, 9 Wheat. 1, 1824; Lochner v. New York, 198 U.S. 45, 1905.

[13] Marburg v. Madison, 1 Cranch 137, 1803; Scott v. Sandford. 19 How. 393, 1857; Pollock v. Farmers Loan & Trust Co., 158 U.S. 601, 1895; Wong Wing v. United States, 163 U.S. 228, 1896; Hammer v. Dagenhart, 247 U.S. 251, 1918; Newberry v. United States, 256 U.S. 232, 1921; Adkins v. Childrens' Hospital, 261 U.S. 525, 1923; United States v. Butler, 297 U.S. 1, 1936; Tot v. United States 319 U.S. 463, 1943; United States v. Lovett, 328 U.S. 303, 1946; Reid v. Covert, 354 U.S. 1, 195; Trop v. Dulles, 356 U.S. S. 86, 1958.

Ob „good Behaviour" vorlag, läßt sich nur durch impeachment feststellen[14]. Bis 1959 führten vier von neun Verfahren gegen Bundesrichter zur Amtsenthebung[15]; auch im 20. Jahrhundert wurden Richter
wegen lediglich unethischen, aber nicht kriminellen Verhaltens aus
dem Amt entfernt[16].

III. Gewaltenteilung im Direktorialsystem der Schweiz

Nach Art. 71 der schweizerischen Verfassung ist die Bundesversammlung der Inhaber der obersten Gewalt. Sie besteht aus zwei Häusern,
das untere nennt man Nationalrat, das obere Ständerat. Die Bundes-
regierung (Bundesrat genannt) besteht aus einer Gruppe von sieben
Personen, die wie der Nationalrat auf vier Jahre gewählt werden. Die
Schweizer Regierung ist also ein Kollektivorgan, eine Direktorialregie-
rung. Die Judikative wird vom Bundesgericht repräsentiert.

Das Gleichgewicht zwischen den Gewalten wird durch weitgehende
Unabhängigkeit erreicht. Der Bundesrat kann die Bundesversammlung
nicht auflösen, andererseits kann die Bundesversammlung weder den
Bundesrat als Ganzes noch einzelne Bundesratsmitglieder zum Rück-
tritt zwingen[17].

Die Rechtsprechung ist nicht zur Normenkontrolle befugt; das spricht
für das Bundesgericht Art. 113 III der schweizerischen Verfassung aus,
es gilt jedoch auch für die kantonalen Gerichte[18]. Die Gerichte können
jedoch Akte der Exekutive für ungültig erklären und haben auch im
Rahmen des Art. 1 II schweizerisches Zivilgesetzbuch legislative Funktion; einen Ausgleich findet diese Situation dadurch, daß die Bundesrichter von der Bundesversammlung nur für eine Amtsdauer von sechs
Jahren gewählt werden (Art. 107 schweizerische Verfassung, 1, 5 Bun-
desgesetz über die Organisation der Bundesrechtspflege). Ebenso werden die Richter des Eidgenössischen Versicherungsgerichts von der
Bundesversammlung nur für eine Amtsdauer von sechs Jahren gewählt (Art. 28, 3 des Bundesbeschlusses betr. die Organisation und das
Verfahren des eidgenössischen Versicherungsgerichts). Die Mitglieder
des Militärgerichts werden vom Bundesrat nur für eine Amtsdauer
von drei Jahren gewählt[19].

---

[14] *Dumbauld*, Constitution zu Article II section 4.
[15] *Löwenstein*, Verfassungsrecht S. 171.
[16] *Carpenter*, Tenure S. 145 ff.; *Frankfurter-Landis*, Supreme Court S. 171.
[17] *Löwenstein*, Verfassungslehre S. 121.
[18] *Imboden*, Verfassungsgerichtsbarkeit S. 513.
[19] *Fleiner-Giacometti*, Bundesstaatsrecht S. 645.

IV. Gewaltenteilung im parlamentarischen System Großbritanniens

Besonders interessant ist für die deutsche Situation die Regelung in dem parlamentarischen System Großbritanniens, das ja Deutschland bei Einführung des Parlamentarismus en bloc et en détail (parlamentarischer Staatssekretär, Mehrheitswahlrecht, Fragestunde)[20] als Vorbild gedient hat und noch immer dient.

1. Legislative und Exekutive

Die machtvolle Stellung des englischen Parlaments wird pointiert durch den bekannten Ausspruch de Lolmes charakterisiert:

„It is an fundamental principle with English lawyers, that Parliament can do everything but make a woman a man, and a man a woman[21]."

„So vermag das Parlament die britische Verfassung neuzugestalten, sein eigenes Leben zu verlängern, rückwirkende Gesetze zu erlassen, Ungesetzlichkeiten zu legalisieren, Verfügung für individuelle Fälle zu treffen, in bestehende Verträge einzugreifen und die Wegnahme von Eigentum zu gestatten, der Regierung diktatorische Vollmachten zu geben, das Vereinigte Königreich oder das Britische Reich aufzulösen, den Kommunismus oder Sozialismus oder Individualismus oder Faschismus einzuführen, alles ohne rechtliche Beschränkung[22]."

Die Exekutive hat außer der parlamentarischen Verantwortlichkeit[23] keine für die Gewaltenteilung hervorzuhebende Besonderheiten. Wir wollen dafür um so genauer die Stellung der Judikative betrachten.

2. Judikative

a) Die Gerichtsverfassung

1. Zivilgerichtsbarkeit

A. Die unteren Zivilgerichte sind:

a) die County Courts[24],

b) daneben Borough-Gerichte, von denen der Mayor's and City of London Court in London, Court of Passage in Liverpool, Hundred

---

[20] *Röhring* Die Zeit Nr. 9 vom 1. 3. 1968 S. 11.

[21] Zitiert bei *Dicey*, Introduction S. 43.

[22] *Jennings*, übersetzt bei *Scheuner*, Erfahrungen S. 124 f.

[23] Sie ist constitutional convention; vgl. *Löwenstein*, Parlamentarismus S. 94 f.

[24] Ihre Gerichtsverfassung ist im County Court Act von 1959 (7 & 8 Eliz 2, c. 22) geregelt.

Court in Salford sowie Tolzey Court in Bristol die wichtigsten sind.

Sie sind dem deutschen Amtsgericht in Zivilsachen zu vergleichen.

B. Die mittleren Zivilgerichte sind:

a) Das Analogon zu unseren Landgerichten in Zivilsachen ist der High Court of Justice[25]. Er besteht aus drei Teilen: Chancerey Division, Queen's (King's) Bench Division; Probate, Divorce and Admiralty Division.

b) Der Restrictive Practices Court ist das 1956 geschaffene Kartellgericht[26].

C. Rechtsmittelgerichte sind:

a) Der Court of Appeal gegen Urteile der County Courts, des Court of Passage in Liverpool, des Hundred Court in Salford sowie des High Court of Justice;

b) die Queen's Bench Division des High Court of Justice gegen Urteile der übrigen Borough-Gerichte;

c) der Judical Committee of the Privy Council gegen Urteile der Admiralty Division des High Court of Justice sowie der Gerichte der Überseebesitzungen einschließlich der Kanal-Inseln und der Insel Man;

d) das House of Lords gegen Urteile des Court of Appeal sowie der höchsten Gerichte Schottlands und Nordirlands[27].

2. Strafgerichtsbarkeit

A. Die unteren Strafgerichte sind:

a) Die Magistrates' Courts[28] entscheiden die Bagatellsachen, haben aber zusätzlich bestimmte zivilrechtliche Aufgaben[29], nämlich die Entscheidung über civil debts (in summarischem Verfahren verfolgbare Ansprüche), Unterhaltsklagen, Eheprozesse minderen Grades (die Magistrates' Courts können die judicial separation aussprechen, die von der Kohabitationspflicht befreit); diese Zivilgerichtsbarkeit ist jedoch nicht ausschließlich, sondern konkurriert mit den County Courts und dem High Court of Justice und hat nur für die arme Bevölkerung Bedeutung. Die Magis-

---

[25] Der High Court of Justice, der Court of Appeal und der Court of Criminal Appeal werden zusammen als Supreme Court of Judicature bezeichnet.

[26] Restrictive Trade Practices Act von 1956 (4 & 5 Eliz. 2, c. 68).

[27] Appellate Jurisdiction Act von 1876 (39 & 40 Vict., c. 59).

[28] Dazu *Jones*, Magistrates' Courts, und *Shaw*, Evidence, jeweils passim; *Wolff* DRiZ 36 (1958) 131 ff.

[29] Magistrates' Courts Act von 1952 (15 & 16 Geo. 6 and 1 Eliz. 2, c. 55).

trates' Courts sind mit Laien, den justices of the peace[30], besetzt; in einzelnen Städten sind die justices of the peace durch Juristen ersetzt (Stipendiary Magistrates und Recorders);

b) die mit mehreren justices of the peace besetzten Petty Sessional Courts, deren Aufgabe die Aburteilung der leichteren Vergehen ist;

c) die Quarter Sessions; sie sind mit zwei bis neun justices of the peace besetzt, von denen aber der Vorsitzende Volljurist sein muß. In 102 Städten besteht die Quarter Sessions aus einem Einzelrichter, nämlich dem Recorder, der mindestens fünf Jahre barrister (vor allen englischen Gerichten zugelassener Anwalt) gewesen sein muß;

d) die Coroner Courts haben die Aufgabe, Todesfälle bei Verdacht eines gewaltsamen Todes aufzuklären. Sie können Haftbefehle erlassen, die als formelle Anklage gelten. Sie bestehen aus einem Coroner, der barrister, solicitor (nicht vor einem hohen Gericht auftretender Anwalt) oder Mediziner mit mindestens fünfjähriger Berufstätigkeit sein kann. Ernannt wird er von den County-Councils beziehungsweise Borough-Councils, der Coroner der City of Westminster Abbey von Diakon und Kapitel von Westminster Abbey; außerdem gibt es noch einen Coroner to the Royal Household.

B. Die obersten Strafgerichte sind:

a) die Assizes Courts für England und Wales mit Ausnahme Londons;

b) der Central Criminal Court (Old Bailey) für London[31];

c) die Crown Courts von Liverpool und Manchester[32], die für diese Städte an die Stelle der Quarter Sessions und Assizes treten;

d) das iudicium parium über bestimmte Vergehen von Lords sowie ihrer weiblichen Nachkommen wurde durch den Criminal Justice Act von 1948[33] abgeschafft.

C. Appellationsstrafgerichte:

a) gegen Urteile der Magistrates' Courts:
   die Quarter Sessions;

b) gegen Urteile der Quarter Sessions und Assizes:
   als Berufungsinstanz der Court of Criminal Appeal (Criminal Appeal Act von 1907[34], Criminal Appeal [Amendment] Act

---

[30] Justices of the Peace Act von 1949 (12, 13 & 14 Geo. 6, c. 101).

[31] Central Criminal Court Act von 1834 (4 & 5 Will. 4, c. 36).

[32] Criminal Justice Administration Act von 1956 (4 & 5 Eliz. 2, c. 34).

[33] 11 § 12 Geo. 6, c. 24.

[34] 7 Edw. 7, c. 23.

von 1908[35]); er tagt in der Besetzung von drei Queen's Bench-Richtern und dem Lord Chief Justice;

als Revisionsinstanz der Divisional Court of the Queen's Bench, der aus regelmäßig drei Richtern besteht[36];

c) gegen Urteile des Court of Appeal und des Divisional Court of the Queen's Bench das House of Lords.

3. Verwaltungsgerichtsbarkeit

A. Untergerichte:

Es gibt eine Vielzahl von Administrative Tribunals. Als Beispiele seien genannt:

der Industrial Court;

das Patent Appeal Tribunal;

die Land Evaluation Courts;

die Lands Tribunals, die gleichzeitig Rechtsmittelgerichte gegen Urteile der Land Evaluation Courts sind;

das Transport Tribunal;

das National Assistance Appeals Tribunal;

die Rent Tribunals;

die Domestic Tribunals (Disziplinargerichte für freie Berufe).

B. Rechtsmittelgerichte:

Der Instanzenzug ist uneinheitlich; teils ist der County Court, teils der Court of Appeal, teils der High Court of Justice, teils das Judicial Committee of the Privy Council Rechtsmittelgericht; mitunter ist statt eines Rechtsmittels nur die Anrufung des zuständigen Ministers möglich.

4. Militärgerichtsbarkeit

A. Erstinstanzliche Militärgerichte sind die Courts Martial, die in einer Besetzung von fünf Offizieren, bei wichtigeren Verfahren assistiert von einem Juristen, dem Judge Advocate entscheiden.

B. Rechtsmittelgericht ist der Court Martial Appeal Court. Er ist für englische Sache mit denselben Richtern wie der Court of Criminal Appeal besetzt.

5. Sonstige Gerichtsbarkeit

Es existieren noch zahlreiche andere Gerichte, beispielsweise die Kirchengerichte (zum Beispiel der Court of Arches von Canterbury, der Durham Consistory Court), der Court of Chivalry, die Courts of

---

[35] 7 Edw. 7, c. 46.
[36] Vgl. *Jackson*, Machinery S. 40 f.; *James*, Introduction S. 46.

Survey (Streitsachen über Seetüchtigkeit eines Schiffes). Sie haben nur geringe Bedeutung und können daher außerhalb der Betrachtung bleiben.

b) Zweite Kammer des Parlaments als oberstes Gericht

Wichtig für unsere Frage nach der legislativen Funktion der Rechtsprechung könnte die Koinzidenz von zweiter Kammer des Parlaments und oberstem Gericht sein. Sie ist ein Petrefakt der Entstehung des Parlaments aus der Gerichtsbarkeit[37]. Anläßlich der Justizreform im Jahre 1873 beabsichtigte man, die rechtsprechende Funktion des House of Lords zu beseitigen; infolge eines Regierungswechsels gab man diesen Plan wieder auf[38].

Der Appellate Jurisdiction Act von 1876[39] setzte Lords of Appeal in Ordinary (Law Lords) ein, deren Oberhausmitgliedschaft von der ursprünglichen Begrenzung auf die Amtsdauer schließlich durch den Appellate Jurisdiction Act von 1887[40] zur lebenslänglichen erweitert wurde. Ihre Zahl beträgt seit dem Appellate Jurisdiction Act von 1947[41] neun. Die englische Lehre nimmt nach wie vor eine Zwitterstellung des House of Lords an[42]. Ob aber neben den Lords of Appeal in Ordinary auch sämtliche anderen Laien-Pairs an den Gerichtsverhandlungen teilnehmen können, ist kontrovers[43]. Im Jahre 1883 versuchte es Lord Denman, ein 78jähriger, juristisch gebildeter Sohn eines Chief Justice. Bei der Abstimmung überging man ihn einfach, und seitdem versuchte nie mehr ein Laien-Pair, die Teilnahme zu erreichen. Daraus kann man auf entsprechendes Verfassungsgewohnheitsrecht schließen[44].

c) Stellung des Richters zum Gesetz

Der richterliche Eid lautet seit dem Promissory Oaths Acts von 1868[45] section 4:

---

[37] *Gerland*, Beziehungen S. 27 Anm. 3.

[38] *Jennings*, Britische Verfassung S. 128.

[39] 39 & 40 Vict., c. 59.

[40] 50 & 51 Vict., c. 70.

[41] 10 & 11 Geo. 6, c. 11.

[42] *Gordon*, Our Parliament S. 146; *Hanbury*, Courts S. 77; *Jennings*, The Law S. 104.

[43] Bejahend *Romberg*, Richter S. 182; verneinend *Vollkommer* ZZP 73 (1960) 191 und *Wade-Phillips-Bradley*, Law S. 309.

[44] *Gerland*, Englische Gerichtsverfassung S. 581; derselbe, Englische Gerichtsverfassung in ihrer gegenwärtigen Entwicklung S. 49.

[45] 31 § 32 Vict., c. 72.

„I (nomen nominandum) doe swear that I will well und truly serve our Sovereign (nomen nominandum) in the Office of (beispielsweise Judge of Her Majesty's High Court of Justice) und I will do Right to all Manner of People after the Laws und Usages of this Realm, without Fear or Favour, Affection or Illwill. So help me God."

Law ist nicht der Ausdruck für das geschriebene Gesetz, das man statute nennt. Daher kann Cohn[46] sagen:

„Eine Bezugnahme auf das Gesetz fehlt."

Sie findet sich jedoch nach der deutschen Übersetzung von Cox[47] in der früheren Eidesformel, wenngleich es hier naheliegt, anzunehmen, daß es sich entweder um einen Übersetzungsfehler oder um den materiellen Gesetzesbegriff handelt.

Die Form des richterlichen Eides legt also eine autonome Stellung des Richters gegenüber dem Gesetz nahe; für das Gegenteil spricht aber das Fehlen der Institution einer richterlichen Normenkontrolle[48]. Man muß daher auch hier vornehmlich auf die Praxis der Judikatur abstellen.

Berühmt als ein Musterbeispiel für Begriffsjurisprudenz ist die Entscheidung des House of Lords in Ellerman Lines Limited v. Murray[49]. Es ging dabei um folgende Rechtsfrage. Der Merchant Shipping (International Labour Conventions) Act von 1925[50] bestimmt in section 1 subsection 1:

„When by reason of the wreck or loss of a ship on which a seaman is employed his service terminates before the date contemplated by the agreement, he shall, notwithstanding anything in section one hundred and fifty-eight of the Merchant Shipping Act, 1894, but subject to the provisions of this section, be entitled, in respect of each day on which he is in fact unemployed during a period of two months from the date of the termination of the service, to receive wages at the rate to which he was entitled at that date."

Der Matrose Murray war auf dem Schiff „Croxteth Hall" der Ellerman Lines Limited beschäftigt, das am 27. 2. sank; am 10. 3. wäre sein Vertrag abgelaufen. Bis zu diesem Zeitpunkt bot die Reederei Lohnfortzahlung an. Murray verlangte aber Lohn für zwei Monate seit dem Schiffbruch. Da die genannte Bestimmung „free from ambiguity"[51] sei („only a sophisticated reading could import any ambiguity into

---

[46] *Cohn*, Richter S. 17.

[47] *Cox*, Staatseinrichtungen S. 300 Anm. 1.

[48] *Dicey*, Introduction S. lxxix; *Geck* Cornell L.Q. 51 (1965/66) 293 f.; *Löwenstein* Staatsrecht S. 46 f.; *Marshall-Yardley* ZaöRV 22 (1962) 542.

[49] (1931) A. C. 126 ff.

[50] 15 & 16 Geo. 5, c. 42.

[51] Lord *Tomlin* (1931) A. C. 147, Lord *Macmillan* (1931) A. C. 148.

them"[52]), verurteilte das House of Lords in Übereinstimmung mit beiden Vorinstanzen[53] die Ellerman Lines Limited antragsgemäß. dura lex sed lex.

Dieser Fall darf aber nicht als typisch angesehen werden. Als Gegenbeispiel könnte etwa die Entscheidung Stocks v. Wilson[54] dienen, in der von section 1 Infants Relief Act von 1874[55] abgewichen wird, der Verträge mit Minderjährigen als „absolutely void" bezeichnet.

Zu Härten kann allerdings auch die binding rule of precedents führen. Danach ist jedes Gericht an eine Entscheidung eines obersten Gerichts gebunden. Entscheidet das House of Lords in schottischen Sachen, binden diese Urteile jedoch nicht die englischen Gerichte, entscheidet es in englischen Sachen, so sind die schottischen Gerichte nicht gebunden (das schottische Recht unterscheidet sich stark vom englischen); nur die Entscheidungen über solche Rechtsfragen, die im englischen und schottischen Recht übereinstimmend geregelt sind, binden sowohl die englischen als auch die schottischen Gerichte[56].

Das House of Lords[57] ist auch an eigene Vorentscheidungen gebunden. Das gilt auch für den Court of Appeal[58]; allerdings ist hier die Rechtslage zweifelhaft[59]; in dem Prozeß Newsholme Brothers v. Road Transport and General Insurance Company, Limited[60] konnte der Court of Appeal die Vorentscheidung Bawden v. The London, Edinburgh, and Glasgow Assurance Company[61] durch die Technik des „distinguishing"[62], durch Aufspüren von Nuancen in der Verschiedenheit des Sachverhalts, umgehen, aber Greer L. J. machte auf die Praxis aufmerksam:

---

[52] Lord *Macmillan* (1931) A. C. 148.

[53] (1931) A. C. 130.

[54] (1913) 2 K. B. 235 ff.

[55] 37 & 38 Vict., c. 62.

[56] Beispiel dafür ist House of Lords in M'Allister (or Donoghue) v. Stevenson (1932) A. C. 562 ff.

[57] Seit der Entscheidung des House of Lords in The London Street Tramways Company, Limited v. The London County Council (1898) A. C. 375 ff.; vgl. *Boehmer*, Grundlagen S. 17; *Gerland*, Einwirkung S. 26; *Kern*, Gerichtsverfassungsrecht S. 351; *Wolff*, Freiheit S. 254.

[58] *Bodenheimer* AcP 160 (1961) 3; *Germann* ZSR 68 (1949) 319; *v. Münch*, Porto Alexandre-Fall S. 784; vgl. auch *Mendelssohn Bartholdy*, Imperium S. 21.

[59] *Goodhart* L. Q. R. 50 (1934) 42.

[60] (1929) 2 K. B. 356 ff. (Die Entscheidungen des Court of Appeal sind in der Sammlung des High Court of Justice mitabgedruckt, soweit es sich um Entscheidungen über Rechtsmittel gegen Urteile des High Court of Justice handelt.)

[61] (1892) 2 Q. B. 534 ff.

[62] Vgl. *Jenkins*, Courts S. 84; *Zajtay* AcP 165 (1965) 106.

„I have not thought it necessary to say anything on the difficult and very interesting question as to how far this Court is bound by its previous decisions; but I shall like to point out this fact, that is has, at least on two occasions, sitting as a full Court differed from a previous decision by the same Court[63].“

Alle übrigen Gerichte sind nicht an ihre eigenen Entscheidungen gebunden, auch nicht der High Court of Justice mit Ausnahme des Divisional Court of the Queen's Bench Division[64]. Auch das Judicial Committee of the Privy Council ist nicht an seine Entscheidungen gebunden[65]. Daß ein solches System zu Mißständen führen kann, hat Buckley L. J. in der Entscheidung Produce Brokers Company Limited v. Olympia Oil & Cake Limited[66] deutlich gemacht, in der er ausführte, er könne für sein Urteil keine Begründung geben, halte es auch für falsch, aber sei durch einen Präzedenzfall zu dieser Entscheidung gezwungen.

Neue Tendenzen dringen aber auf eine Aufgabe des fiat iustitia ruat coelum. 1959 erklärte Lord Denning in einer dissenting vote in dem Prozeß London Transport Executive v. Betts (Valuation Officer)[67], das House of Lords solle das Prinzip des stare decisis aufgeben. Dasselbe meinte drei Jahre später Lord Reid in der Entscheidung Scruttons Limited v. Midland Silicones Limited[68]. Am 26. Juli 1966 führte Lord Gardiner L. C. für das House of Lords die relative rule of precedent ein:

„Their Lordship regard the use of precedent as an indispensable foundation upon which to decide what is the law and its application to individual cases. It provides at least some degree of certainty upon which individuals can rely in the conduct of their affairs, as well as a basis for orderly development of legal rules.

Their Lordship nevertheless recognise that too rigid adherence to precedent may lead to injustice in a particular case and also unduly restrict the proper development of the law. They propose, therefore, to modify their present practice und while treating former decisions of this House as normally binding, to depart from a previous decision when it appears right to do so[69].“

Im Court of Appeal machen sich ähnliche Tendenzen bemerkbar. Einem klagenden Polizeianwärter, der für seinen Prozeß gegen seinen

---

[63] (1929) 2 K. B. 384 f.
[64] *Redmond*, Principles S. 25.
[65] Attorney General of Ontario v. Canada Temperance Federation (1946) 62 T. L. R. 199; Goodhart Camb. L. J. 9 (1945—47) 349.
[66] (1915) Com. Cas. 320, 322.
[67] (1959) A. C. 240 ff.
[68] (1962) A. C. 475, 476.
[69] (1966) 1 W. L. R. 1234.

Vorgesetzten Einsicht in seine Personalakte haben wollte, mußte der Court of Appeal sagen, daß er die Vorentscheidungen[70], nach denen die Behörden in bestimmten Fällen zur Vorlage nicht verpflichtet sind, zwar für unbillig und unzeitgemäß halte, aber an sie gebunden sei[71]; Lord Denning M. R. meinte in seinem dissenting vote[72], die relative rule of precedents gelte auch für den Court of Appeal; zumindest sei es an der Zeit, daß sich der Court of Appeal in besonderen Fällen von den Präjudizien des House of Lords und den eigenen Vorentscheidungen frei mache[73].

Alles in allem scheint sich damit eine Annäherung der englischen und der deutschen Behandlung von Präjudizien zu ergeben.

d) Richterliche Unabhängigkeit

Sachliche Unabhängigkeit ist ein Kennzeichen eines jeden englischen Richters. — Zur Frage der persönlichen Unabhängigkeit gehört zunächst einmal die Pensionierung. Für die Lords of Appeal in Ordinary und die Richter des Supreme Court ist das Pensionierungsalter 75 (section 2 des Judicial Pensions Act von 1959)[74], für die County Courts-Richter 72, das der Lord Chancellor im Einzelfall aus Gründen des öffentlichen Wohles auf 75 erhöhen kann (section 8 subsection 2 des County Courts Act von 1959)[75]. Die justices of the Peace müssen spätestens im Alter von 75 vom Lord Chancellor auf eine supplemental list gesetzt werden, was den Verlust der Richterbefugnisse mit Ausnahme unbedeutender Tätigkeiten bedeutet (section 4 subsection 4 des Justices of the Peace Act von 1949)[76].

Das Hauptkennzeichen der persönlichen Unabhängigkeit, die Unabsetzbarkeit, haben weder der oberste noch die unteren Richter. Der Lord Chancellor ist zugleich Kabinettsmitglied und teilt damit die Rücktrittspflicht der Regierung im parlamentarischen Staat. Gemäß einem constitutional convention[77] steht es im pflichtgemäßen Ermessen

---

[70] House of Lords in Duncan and Another v. Commell, Laird and Company, Limited (1942) A. C. 624; Court of Appeal in Auten v. Rayner (1958) 1 W. L. R. 1300.

[71] Conway v. Rimmer (1967) 2 All E. R. 1260 ff.: Davies L. J. 1272 A, B, Russell L. J. 1273 G.

[72] 1262 ff.

[73] Lord Denning M. R. konnte darauf hinweisen, daß sein Ergebnis der Rechtseinheit im Commonwealth dienlich ist, da die nichtenglischen Gerichte in dieser Frage von der Entscheidung des House of Lords abgewichen sind; er zitiert die einschlägige Rechtsprechung 1262 H, J, 1263 A.

[74] 8 Eliz. 2, c. 9.

[75] 7 & 8 Eliz. 2, c. 22.

[76] 12, 13 & 14 Geo. 6, c. 101.

[77] *Vollkommer* ZZP 73 (1960) 172.

des Lord Chancellor, einen justice of the peace zu entlassen. Nach section 4 subsection 4 des Justices of the Peace Act von 1949[78] kann er einen justice of the peace außerdem wegen Alters (auch vor dem 75. Lebensjahr), Schwäche oder Amtsvernachlässigung auf die oben genannte supplemental list setzen. Die Stipendiary Magistrates haben ihr Amt nur „during Her Majesty's pleasure" inne (section 29 subsection 2 Justices of the Peace Act von 1949)[78]. Die County Courts-Richter kann der Lord Chancellor (für County Courts-Richter der Grafschaft Lancaster der Chancellor dieser Grafschaft) wegen „misbehaviour" oder „inability" entlassen (section 8 subsection 1 County Courts Act von 1959)[79]. Dagegen besitzen die Richter der Obergerichte seit section 3 des Acts of Settlement von 1701[80]

(„That after the said limitation shall take effect as aforesaid, judges commissions be made quam diu se bene gesserint, and their salaries ascertained and established...")

persönliche Unabhängigkeit, die heute für die Richter des High Court of Justice und des Court of Appeal auf section 12 subsection 1 des Supreme Court of Judicature (Consolidation) Act von 1925[81] und für die Lords of Appeal in Ordinary auf section 6 subsection 3 des Appellate Jurisdiction Act von 1876[82] gestützt wird (statt „quam diu de bene gesserint": „during good behaviour").

Diese Rechtslage[83] läßt die Äußerungen von Sir Lionel Heald Q. C., A. G. in Terrell v. Secretary of State for the Colonies and another[84] als völlig berechtigt erscheinen:

„The independence of judges is far from being a general principle or fundamental to their office; it is most exceptional for judges to have security of tenure and judges of the English Supreme Court are in a remarkable position in that respect[85]."

Der Lord Chief Justice Lord Goddard stimmt zu:

„The great majority of judicial personages in this country do not enjoy the exceptional position of the judges of the Supreme Court... So it is not fundamental to the office of a judge that he should possess the immunity with which it was found necessary to clothe the judges of the supreme court by reason of what was considered the undue subservience of the

---

[78] 12, 13 & 14 Geo. 6, c. 101.

[79] 7 & 8 Eliz. 2, c. 22.

[80] 12 & 13 Will. 3, c. 2.

[81] 15 & 16 Geo. 5, c. 49.

[82] 39 & 40 Vict., c. 59.

[83] der die Rechtsprache insofern Rechnung trägt, als sie mit judge gewöhnlich nur die hohen Richter meint; vgl. *Gerland*, Beziehungen S. 28 Anm. 4.

[84] (1953) 2 Q. B. 482 ff.

[85] (1953) 2 Q. B. 489.

judiciary in the time of the Stuarts towards the Sovereign and more fear of dismissal in upholding the excercise of the suspending power by James II.[86]."

e) Möglichkeit der Abberufung
des Richters durch das Parlament

Für alle Richter, auch diejenigen der Obergerichte, gilt aber, ganz unabhängig von der tenure quam diu se bene gesserint oder during good behaviour, daß sie auf eine Abberufungsadresse beider Häuser des Parlaments an die Krone abberufen werden:

Section 3 des Acts of Settlement von 1701[87] bestimmt:

„That after the said limitation shall take effect as aforesaid, judges commissions be made quam diu se bene gesserint, and their salaries ascertained and established, but upon the address of both houses of parliament it may be lawful to remove them."

Section 9 des Supreme Court of Judicature Act von 1873[88] lautet:

„All the Judges of the High Court of Justice, and of the Court of Appeal respectively, shall hold their offices for life, subject to a power of removal by Her Majesty, on an address presented to Her Majesty by both Houses of Parliament."

Ebenso bestimmt section 5 des Supreme Court of Judicature Act von 1875[89]:

„All the Judges of the High Court of Justice, and of the Court of Appeal respectively, with the exception of the Lord Chancellor, shall hold their offices as such power of removal by Her Majesty, on an address presented to Her Majesty by both Houses of Parliament."

Section 6 des Appellate Jurisdiction Act von 1876[90] lautet:

„Every Lord of Appeal in Ordinary shall hold office during good behaviour, and he shall continue to hold the same notwithstanding the demise of the Crown, but he may be removed from such office on the address of both Houses of Parliament."

Section 12 subsection 1 des Supreme Court of Judicature (Consolidation) Act von 1925[91] bestimmt:

„All the judges of the High Court and of the Court of Appeal, with the exception of the Lord Chancellor, shall hold their offices during good behaviour subject to a power of removal by His Majesty on an address presented to His Majesty by both Houses of Parliament."

---

[86] (1953) 2 Q. B. 496.
[87] 12 & 13 Will. 3 c. 2.
[88] 36 & 37 Vict., c. 66.
[89] 38 & 39 Vict., c. 77.
[90] 39 & 40 Vict., c. 59.
[91] 15 & 16 Geo. 5, c. 49.

Aus den Formulierungen „may", „shall" könnte man schließen, daß die Krone die Adressen ablehnen kann. Das entspricht aber nicht mehr dem heutigen englischen Verständnis der Prärogative des Monarchen im parlamentarischen Staat. Man kann zwar nicht mit Maitland[92] die Aufgaben der Krone darin erschöpft sehen, to „lie in the Tower of London to be gazed at by sight-seers", aber es ist constitutional convention, daß die Krone dem Ersuchen folgt, falls nicht eine Mißbrauchsabsicht eklatant ist[93].

Eine derartige Absetzung eines Richters setzt nicht ein normwidriges Verhalten von ihm voraus[94]. So wurde beispielsweise ein Antrag gegen Lord Abinger gestellt, weil er während einer Gerichtssitzung eine politische Wahlrede gehalten hatte[95].

Die Abberufung ist aber ultima ratio. Einmal wurde von diesem Verfahren Gebrauch gemacht (1830 bei dem irischen Richter Jonah Barrington wegen Dienstpflichtverletzung)[96], achtmal seine Anwendung erwogen[97].

V. Überblick über die Abberufungsmöglichkeit eines Richters durch das Parlament in sonstigen europäischen und in afrikanischen Verfassungen

Montesquieu und die bisher behandelten Staatsverfassungen kennen also die Unabhängigkeit der Rechtsprechung nicht; was Montesquieu und die Schweiz durch die Begrenzung der Amtsdauer der Richter erreichen wollen, das erstreben die Vereinigten Staaten und Großbritannien mit dem Recht der Legislative, einen Richter abzuberufen. Diese angloamerikanische Lösung findet sich noch in manchen anderen europäischen und afrikanischen Verfassungen:

Nach Art. 132 I der Verfassung der „Deutschen Demokratischen Republik" vom 7. 10. 1949 in der Fassung vom 12. 9. 1960[98] konnte die Volkskammer die Richter des Obersten Gerichtshofes abberufen,

---

[92] History S. 418.
[93] *Gerland*, Beziehungen S. 93.
[94] *Hatschek*, Englisches Staatsrecht S. 540; *Philipps*, Law S. 354 f.; *Wade-Philipps-Bradley*, Law S. 324.
[95] H. D. 1842 Bd. 76 S. 1037 ff.
[96] 85 Common Journals 493 (18. 3. 1830).
[97] *Halsbury*, Laws S. 341; *Hatschek*, Englisches Staatsrecht S. 540; derselbe, Staatsrecht des Vereinigten Königreichs S. 262; *Hearn*, Government S. 82 ff.; *Megarry*, Miscellany-at-Law S. 16 f.; *Romberg*, Richter S. 55 f.; *Wade-Philipps-Bradley*, Law S. 324.
[98] Abgedruckt bei *von Münch*, Dokumente S. 301 ff.

„wenn sie gegen die Verfassung und die Gesetze verstoßen oder ihre Pflichten als Richter gröblich verletzen". Die neue Verfassung[99] bestimmt in Art. 95:

„Alle Richter, Schöffen und Mitglieder der gesellschaftlichen Gerichte werden durch die Volksvertretungen oder unmittelbar durch die Bürger gewählt. Sie erstatten ihren Wählern Bericht über ihre Arbeit. Sie können von ihren Wählern abberufen werden, wenn sie gegen die Verfassung oder die Gesetze verstoßen oder sonst ihre Pflichten gröblich verletzen."

Art. 35 IV der irischen Verfassung[100] lautet (Irland ist eine parlamentarische Republik)[101]:

„1. Ein Richter des Obersten Gerichtshofes darf seines Amtes nicht enthoben werden, es sei denn wegen erwiesener Amtsverletzung oder Amtsunfähigkeit, und zwar nur auf Grund von seine Amtsenthebung fordernden, von Dáil Éireann und Seanad Éireann verabschiedeten Beschlüssen.

2. Der Taoiseach (= Regierungschef) muß den Präsidenten von solchen von Dáil Éireann und Seanad Éireann verabschiedeten Beschlüssen ordnungsgemäß in Kenntnis setzen und ihm eine durch den Vorsitzenden desjenigen Hauses des Oireachtas beglaubigte Abschrift eines jeglichen solchen Beschlusses zusenden, in denen der Beschluß verabschiedet worden ist.

3. Nach Entgegennahme der Benachrichtigung und der Abschrift solcher Beschlüsse muß der Präsident den betreffenden Richter durch eine mit seiner Unterschrift und seinem Siegel versehene Anordnung unverzüglich seines Amtes entheben."

§ 103 der schwedischen Regierungsform[102] bestimmt (Schweden gehört zu den parlamentarischen Monarchien; seit dem Jahre 1917, das man als den Beginn der parlamentarischen Epoche Schwedens ansieht, ist es üblich, daß die Regierung vor einer wichtigen Entscheidung die Vertrauensfrage stellt und bei einer Niederlage im Riksdag zurücktritt[103]):

„Alle 4 Jahre soll der Reichstag nach den Vorschriften der Reichstagsordnung eine Kommission ernennen, die ihr Urteil darüber abgeben soll, ob es alle Mitglieder des Obersten Gerichtshofes oder des Obersten Verwaltungsgerichtes verdient haben, in ihrem wichtigen Amt beibehalten zu werden, oder ob es sich empfiehlt, einige von ihnen auch ohne solche offenbaren Fehler und Verbrechen, von denen der vorangehende Paragraph handelt, ihres Amtes zu entheben. Wenn diese Kommission nach Abstimmung gemäß den Vorschriften der Reichstagsordnung entscheidet, daß eines oder mehrere Mitglieder des Obersten Gerichtshofes oder des Obersten Verwaltungsgerichts des Vertrauens des Reichstags für verlustig erklärt werden sollen, so soll der König, dem der Reichstag die Angelegenheit mitzuteilen

---

[99] Abgedruckt bei *von Münch*, Dokumente S. 525 ff.

[100] Übersetzt in *Mayer-Tasch*, Verfassungen S. 197 ff.

[101] Vgl. *Stammen*, Regierungssysteme S. 200.

[102] Übersetzt in *Mayer-Tasch*, Verfassungen S. 466 ff.

[103] *Fusilier*, Monarchies S. 118; *Mayer-Tasch*, Verfassungen S. 465; *Reuterskiöld*, Entwicklung S. 311.

hat, den oder die Betreffenden durch gnädigen Abschied ihres Amtes enthenen. Der König soll jedoch ihm oder ihnen eine sich auf den halben Betrag ihres bisherigen Gehaltes belaufende Pension gewähren."

Art. 45 III der Verfassung von Ghana[104] lautet (Ghana ist eine präsidiale Republik)[105]:

„Subject to the following provisions of this Article, no person shall be removed from office as a Judge of the Supreme Court or a Judge of the High Court except by the President in pursuance of a resolution of the National Assembly supported by the votes of not less than two-thirds of the Members of Parliament and passed on the grounds of stated misbehaviour or infirmity of body or mind: Provided that the President may at any time for reasons which to him appear sufficient remove from office a Judge of the Supreme Court or a Judge of the High Court."

Article IV section 1 (Satz 2) der Verfassung von Liberia[106] bestimmt (Liberia ist eine präsidiale Republik)[107]:

„The Judges of the Supreme Court, and all other Judges of Courts shall hold their office during good behaviour; but may be removed by the President, on the address of two thirds of both houses for that purpose, or by impeachment and conviction thereon."

Article 113 section 2 der Verfassung von Nigeria[108] lautet (nach Article 90 section 1 besteht Verantwortlichkeit der Exekutive gegenüber dem Parlament):

„A person holding or appointed to act in the office of Chief Justice of Nigeria or a Justice of the Supreme Court shall be removed from his office or appointment by the President if:

(a) there are presented to the President addresses from both Houses of Parliament praying that that person be so removed for inability to discharge the functions of the office in question (whether arising from infirmity of mind or body or any other cause) or misbehaviour; and

(b) the address from each House bears a certificate which is signed by the person who presides at the meeting of that House at which the motion for the address was passed und which states that not less than two-thirds of all the members of that House voted in favour of the motion;

and ... a person holding or appointed to act in such an office shall not be removed from his office or appointment in any other circumstances."

Diese Bestimmung wiederholt Article 124 section 2 der Verfassung für den High Court of Lagos.

---

[104] Abgedruckt bei *Peaslee-Peaslee Xydis*, Constitutions S. 213 ff.
[105] *Stammen*, Regierungssysteme S. 199.
[106] Abgedruckt bei *Peaslee-Peaslee Xydis*, Constitutions S. 422 ff.
[107] *Stammen*, Regierungssysteme S. 201.
[108] Abgedruckt bei *Peaslee-Peaslee Xydis*, Constitutions S. 592 ff.

Article 104 section 3 der Verfassung von Rwanda[109] bestimmt (Rwanda ist eine präsidiale Republik)[110]:

„They (der Präsident und Vizepräsident des Supreme Court) shall be dismissed by the President of the Republic with the agreement of the National Assembly and the Government meeting together."

Besonders interessant war die Rechtslage in Südafrika, bevor es am 31. 5. 1961 Republik wurde (sections 1, 121 der Verfassung vom 25. 4. 1961)[111]. Die alte Verfassung, der South Africa Act vom 20. 9. 1909[112], bestimmt in section 101:

„The Chief Justice of South Africa and other judges of the Supreme Court of South Africa shall not be removed from office except by the Governor-General in Council on an address from both Houses of Parliament in the same session praying for such removal on the ground of misbehaviour or incapacity."

Das Parlament von Südafrika erließ im Jahre 1952 den High Court of Parliament Act[113], der das Parlament selbst zum High Court of Parliament erhob; dieser hatte das Recht, alle vom Supreme Court erlassenen Entscheidungen mit einfacher Mehrheit aufzuheben. Die Appellate Division des Supreme Court (dieser besteht aus den vier provincial divisions — nämlich dem Supreme Court of the Cape of Good Hope, dem Supreme Court of Natal, dem Supreme Court of the Transvaal und dem High Court of Orange River Colony — sowie der Appellate Division, sections 95—98 South Africa Act)[114] erklärte das Gesetz für nichtig[115]. Vom theoretischen Standpunkt aus ist es bedauerlich, daß der High Court of Parliament diese Entscheidung der Appellate Division nicht aufhob und somit das juristische Problem, wie dieser permanente renvoi zu lösen sei, bedeutungslos wurde.

VI. Gewaltenteilung im parlamentarischen System der Bundesrepublik Deutschland

Der parlamentarische Charakter der Regierungsform der Bundesrepublik ergibt sich aus dem Parlamentsauflösungsrecht der Exekutive (unter bestimmten Voraussetzungen: Art. 63 IV, 68 GG)[116] auf der einen

---

[109] Englische Übersetzung bei *Peaslee-Peaslee Xydis*, Constitutions Seite 675 ff.

[110] *Stammen*, Regierungssysteme S. 203.

[111] Abgedruckt bei *Peaslee-Peaslee Xydis*, Constitutions S. 808 ff.

[112] Englisches Gesetz: 9 Edw. 7, c. 9.

[113] Zitiert bei *Löwenstein* AöR 78 (1952/53) 282.

[114] Englisches Gesetz: 9 Edw. 7, c. 9.

[115] Vgl. *Löwenstein* AöR 78 (1952/53) 282.

[116] *Glum* NJW 5 (1952) 284 hält es für „nicht ganz so abwegig", außerdem noch ein Auflösungsrecht bei lebenswichtigen Fragen (Wehrbeitrag) anzunehmen.

und der parlamentarischen Abhängigkeit der Regierung auf der anderen Seite.

Charakteristisch für das bundesrepublikanische System ist die starke Stellung der Judikative, wie sie sich aus Normenkontrollbefugnis und Unabsetzbarkeit auf Lebenszeit ergibt.

Nach Art. 100 I GG hat der Richter, wenn er ein Gesetz, auf dessen Gültigkeit es ankommt, für verfassungswidrig hält, das Verfahren auszusetzen und, wenn es sich um die Verletzung einer Landesverfassung handelt, die Entscheidung des für Verfassungsstreitigkeiten zuständigen Gerichts des Landes, wenn es sich um die Verletzung des Grundgesetzes handelt, die Entscheidung des Bundesverfassungsgerichts einzuholen. Diese Vorschrift legt die herrschende Meinung[117] so aus, daß der Richter nur bei nachkonstitutionellen Gesetzen vorlegen muß. Allerdings kann die Landesverfassung nach ebenfalls herrschender Meinung[118] strengere Anforderungen als Art. 100 I GG stellen, also eine Vorlagepflicht auch bei vorkonstitutionellen Gesetzen anordnen (so Art. 68 I Nr. 3, 88 der Verfassung des Landes Baden-Württemberg). Art. 64 II der Verfassung von Berlin, der eine richterliche Gesetzesprüfung ausschließt, ist wegen Verstoßes gegen Art. 100 I GG nach überwiegender Ansicht[119] nichtig. Die Unabsetzbarkeit der Richter wird von Art. 97 GG, § 30 DRiG garantiert. Art. 97 GG lautet:

„Die Richter sind unabhängig und nur dem Gesetz unterworfen.

Die hauptamtlich und planmäßig endgültig angestellten Richter können wider ihren Willen nur kraft richterlicher Entscheidung und nur aus Gründen und unter den Formen, welche die Gesetze bestimmen, vor Ablauf ihrer Amtszeit entlassen oder dauernd oder zeitweise ihres Amtes enthoben oder an eine andere Stelle oder in den Ruhestand versetzt werden. Die Gesetzgebung kann Altersgrenzen festlegen, bei deren Erreichung auf Lebenszeit angestellte Richter in den Ruhestand treten. Bei Veränderung der Ein-

---

[117] *Bachof* DVBl 66 (1951) 15, 110; *Gerner-Decker-Kaufmann*, Richtergesetz 9 zu § 25; *Giese-Schunck*, Grundgesetz II 2a zu Art. 100; *Grosskreutz*, Normwidersprüche S. 92; *Hamann*, Grundgesetz B 2 b zu Art. 100; *Henke* Staat 3 (1964) 446; *Majer*, Folgen S. 22 f.; *Maunz*, Staatsrecht S. 268; *Schmidt-Bleibtreu* in *Schmidt-Bleibtreu-Klein*, Grundgesetz 5 zu Art. 100; *Sigloch* in *Maunz-Sigloch-Schmidt-Bleibtreu-Klein*, Bundesverfassungsgerichtsgesetz 7 zu § 80; *Zinn*, Rechtspflege S. 55 f.; BVerfGE 2, 124 ff., 138; 3, 356; 4, 188, 339; 6, 64 f.; 7, 335; 9, 46; 10, 58, 127, 131, 159; 11, 129; 14, 65; 15, 183; 16, 231; 17, 162; 18, 252; BVerwGE 1, 52; anderer Ansicht OVG Münster OVGE 2, 280, 283; OVG Hamburg DVBl 65 (1950) 614.

[118] *Hamann*, Grundgesetz B 2 b zu Art. 100; *Lechner*, Bundesverfassungsgerichtsgesetz 7 zu § 13 Nr. 11; *Stern* in Bonner Kommentar Zweitbearbeitung 146 zu Art. 100; BVerfGE 4, 188; anderer Ansicht: *Bettermann*, Schutz S. 900; *Schäfer* NJW 7 (1954) 3.

[119] *Bachof-Jesch*, Rechtsprechung S. 52 („zweifelhaft"); *Stern* in Bonner Kommentar Zweitbearbeitung 143 zu Art. 100; derselbe DVBl 78 (1963) 701; Entsch. OVG Berlin 2, 124 (2. Senat: „bestehen allerdings Bedenken"); anderer Ansicht: Entsch. OVG Berlin 2, 130 (1. Senat).

richtung der Gerichte oder ihrer Bezirke können Richter an ein anderes Gericht versetzt oder aus dem Amt entfernt werden, jedoch nur unter Belassung des vollen Gehaltes."

§ 30 DRiG lautet:

„Ein Richter auf Lebenszeit oder ein Richter auf Zeit kann ohne seine schriftliche Zustimmung nur

1. im Verfahren über die Richteranklage (Art. 98 Abs. 2 und 5 des Grundgesetzes),

2. im förmlichen Disziplinarverfahren,

3. im Interesse der Rechtspflege (§ 31),

4. bei Veränderung der Gerichtsorganisation (§ 32)

in ein anderes Amt versetzt oder seines Amtes enthoben werden.

Die Versetzung oder Amtsenthebung kann — außer im Fall des Absatzes 1 Nr. 4 — nur auf Grund rechtskräftiger richterlicher Entscheidung ausgesprochen werden..."

Grundsätzlich kann also ein Richter nur durch die Judikative selbst versetzt oder amtsenthoben werden; nur im Falle der Änderung der Gerichtsorganisation ist der Gesetzgeber der Auffassung, daß Art. 97 II GG keine vorgängige richterliche Entscheidung verlange; dieser Ansicht ist auch die Lehre[120].

Die Legislative hat also auf die lebenslängliche Amtsdauer eines Richters im Einzelfall keinen Einfluß (natürlich hätte sie die Möglichkeit, das Grundgesetz in diesem Punkt zu ändern). Zu beachten ist allerdings in diesem Zusammenhang, daß fünf von den acht Richtern eines Senats des Bundesverfassungsgerichts lediglich für acht Jahre gewählt werden (§ 4 II BVerfGG). Eine noch geringere Amtsdauer ist bei Substitution nach § 5 III BVerfGG möglich.

Einen Einfluß auf die Absetzung eines Richters hat die Legislative nur insofern, als ihr bei der Richteranklage ein Antragsrecht zusteht. Die Richteranklage vor dem Bundesverfassungsgericht kann gegen einen Bundesrichter (Art. 98 II GG) oder (Art. 98 V GG) einen baden-württembergischen (Art. 66 II der Verfassung des Landes Baden-Württemberg), hamburgischen (Art. 63 II der Verfassung der Freien und Hansestadt Hamburg), niedersächsischen (Art. 40 der Vorläufigen niedersächsischen Verfassung), nordrhein-westfälischen (Art. 37 der Verfassung für das Land Nordrhein-Westfalen), schleswig-holsteinischen Richter (Art. 36 II der Landessatzung für Schleswig-Holstein) erfolgen, der gegen die Grundsätze oder die verfassungsmäßige Ordnung des Landes verstößt.

---

[120] *Gerner-Decker-Kauffmann*, Richtergesetz 1 zu § 30; *Schmidt-Räntsch*, Richtergesetz 17 zu § 30.

Die Bestimmung von Berlin (Art. 72 II Verfassung von Berlin),

daß gegen die gewählten höchsten Richter das Abgeordnetenhaus im Falle einer Verletzung der Verfassung oder der Gesetze bei dem Verfassungsgerichtshof Anklage erheben kann,

von Bremen (Art. 136 Landesverfassung der Freien Hansestadt Bremen),

daß ein gegen den Geist der Menschenrechte und der sozialen Gerechtigkeit verstoßender Richter auf Antrag der Bürgerschaft oder des Senats vom Staatsgerichtshof versetzt oder entlassen werden kann,

von Hessen (Art. 127 Verfassung des Landes Hessen),

daß ein gegen den Geist der Demokratie und des sozialen Verständnisses verstoßender Richter auf Antrag des Landtags oder des Justizministers im Einvernehmen mit dem Richterwahlausschuß vom Staatsgerichtshof versetzt oder entlassen werden kann,

von Rheinland-Pfalz (Art. 132 I Verfassung von Rheinland-Pfalz),

daß bei einem vorsätzlichen Rechts- oder auch unvorsätzlichem Verfassungsverstoß durch den Richter der Ministerpräsident den Generalstaatsanwalt anweisen kann, diesen Richter vor dem Verfassungsgerichtshof anzuklagen,

sind nach Art. 31 GG insoweit wegen Verstoßes gegen Art. 98 V 3 GG nichtig, als sie die Entscheidung dem Landes- und nicht dem Bundesverfassungsgericht zuweisen. Im Falle Berlins ist jedoch zu berücksichtigen, daß das Bundesverfassungsgerichtsgesetz von Berlin nicht übernommen wurde und nach dem besatzungsrechtlichen Vorbehalt des Genehmigungsschreibens der Militärgouverneure zum Grundgesetz vom 12. Mai 1949[121] Berlin nicht durch den Bund regiert werden darf. Da somit eine Anklage Berliner Richter vor dem Bundesverfassungsgericht nicht möglich ist, können bis zur Aufhebung des besatzungsrechtlichen Vorbehalts Richter doch vor dem Berliner Verfassungsgerichtshof angeklagt werden, der allerdings noch nicht errichtet ist[122].

---

[121] VOBlBZ S. 416 unter 4.
[122] *Bettermann*, Unabhängigkeit S. 584 Anm. 248.

H. Ergebnis

Das richterliche Urteil ist nur zu geringem Teil Ausspruch des Gesetzes für den konkreten Fall. Der Macht des Richters steht kein Ausgleich durch Begrenzung der Amtsdauer oder Einwirkungsmöglichkeit der Legislative auf die Rechtsprechung durch Absetzungsbefugnis entgegen, wie sie Montesquieu vorschwebten und u. a. in Großbritannien, der Schweiz und den Vereinigten Staaten verwirklicht sind. Da es dem deutschen Verfassunggeber freistand, dieses System der Gewaltenteilung nicht zu übernehmen, kann von einer Verfassungswidrigkeit der deutschen Lösung wegen Verstoßes gegen das Gewaltenteilungsprinzip (im Sinne der Lehre von der Möglichkeit einer verfassungswidrigen Verfassungsnorm) nicht gesprochen werden.

Literaturverzeichnis

Allgemeines Landrecht für die Preußischen Staaten. Erster Theil, erster Bd., neue Aufl. (Abdruck der Ausgabe von 1821), Berlin 1828

Alsberg-Nüse: Der Beweisantrag im Strafprozeß, 3. Aufl. Köln-Berlin-Bonn-München 1967

Angermair: Ehe V, in: Lexikon für Theologie und Kirche Bd. 3, Freiburg 1959, Spalten 684 ff.

Arndt: Gesetzesrecht und Richterrecht, Vortrag, NJW 16 (1963) 1273 ff.

— Rechtsprechende Gewalt und Strafkompetenz, in: Festgabe für Schmid, Tübingen 1962, S. 5 ff.

Auffarth-Schönherr: Arbeitsgerichtsgesetz, Berlin 1965

Bachof: Die richterliche Kontrollfunktion im westdeutschen Verfassungsgefüge, in: Verfassungsrecht und Verfassungswirklichkeit, Festschrift für Huber, Bern 1961, S. 26 ff.

— Grundgesetz und Richtermacht, Tübingen 1959

— Nochmals: Zur Auslegung des Art. 100 Abs. 1 GG, DVBl 66 (1951) 110

— Verfassungswidrige Verfassungsnormen? Tübingen 1951

— Zur Auslegung des Art. 100 Abs. 1 GG, DVBl 66 (1951) 13 ff.

Bachof-Jesch: Die Rechtsprechung der Landesverfassungsgerichte in der Bundesrepublik Deutschland, Jahrbuch des öffentlichen Rechts der Gegenwart 6 (1957) 47 ff.

Barthélemy: De l'interprétation des lois par le législateur, Revue du Droit Public 28 (1908) 456 ff.

Baumann: Einführung in die Rechtswissenschaft, München 1967

— Streitbare Demokratie? MDR 17 (1963) 87 ff.

Baumbach-Lauterbach: Zivilprozeßordnung, 28. Aufl. München-Berlin 1965

Baur: Freiwillige Gerichtsbarkeit, Bd. 1, Tübingen 1955.

— Justizaufsicht und richterliche Unabhängigkeit, Tübingen 1954

Becker, W.: Eheschutz gegen Ehescheidung, FamRZ 3 (1956) 93 ff.

Becker, Walter G.: Rechtsvergleichende Notizen zur Auslegung, in: Das deutsche Privatrecht in der Mitte des 20. Jahrhunderts, Festschrift für Lehmann, Bd. 1, Berlin-Tübingen-Frankfurt a. M. 1956, S. 70 ff.

Bender: Jugendgerichtsgesetz, Berlin-Frankfurt a. M. 1965

Berges: Recht und Richtermacht, DRiZ 40 (1962) 369 ff.

Bettermann: Anmerkung zu BGHZ 15, 122 ff., NJW 8 (1955) 262 f.

— Anmerkung zu BVerfG DVBl 70 (1955) 21 f., DVBl 70 (1955) 22 ff.

— Der Schutz der Grundrechte in der ordentlichen Gerichtsbarkeit, in: Die Grundrechte Bd. III/2, Berlin 1959, S. 779 ff.

Bettermann: Die Unabhängigkeit der Gerichte und der gesetzliche Richter, in: Die Grundrechte Bd. III/2, Berlin 1959, S. 523 ff.

— Über die materielle Rechtskraft verwaltungsgerichtlicher Urteile, MDR 8 (1954) 7 ff.

Bierling: Brauchen wir einen Gerichtshof für bindende Gesetzesauslegung? ArchRechtsWirtschPhilos. 6 (1912/13) 158 ff.

Blomeyer: Zivilprozeßrecht, Berlin-Göttingen-Heidelberg 1963

Blomeyer-Gerland-Zeiler: Entwurf eines Gesetzes zur Förderung der Rechtssicherheit, DJZ 36 (1931) 1348 ff.

Bodenheimer: Präjudizienverwertung und Gesetzesauslegung im amerikanischen Recht, AcP 160 (1961) 1 ff.

Boehmer: Grundlagen der bürgerlichen Rechtsordnung, Bd. II/1, Tübingen 1951

Bötticher: Anmerkung zu AP Nr. 12 zu § 2 ArbGG 1953, Zuständigkeitsprüfung

— Die Bindung der Gerichte an Entscheidungen anderer Gerichte, in: Hundert Jahre deutsches Rechtsleben. Festschrift zum hundertjährigen Bestehen des Deutschen Juristentages, Bd. 1, Karlsruhe 1960, S. 511 ff.

— Zur arbeitsgerichtlichen Zuständigkeit und deren Prüfung im Prozeß, ZZP 72 (1959) 44 ff.

Bonner Kommentar zum Grundgesetz, Hamburg 1950 ff.

de Boor: Gesetzesauslegung und Technik im Urheberrecht, in: Festschrift für Niedermeyer, Göttingen 1953, S. 31 ff.

Bosch: Ehe und Familie in der Rechtsordnung (Gesetzgebung — Rechtsprechung — Wissenschaft), FamRZ 13 (1966) 57 ff.

Bruns, C. G. (Hg.): Fontes iuris Romani antiqui. Post curas Mommseni editionibus quintae et sextae adhibitas septimum edidit Gradenwitz, Tübingae 1909

Bruns, H.-J.: Bindet die Rechtskraft deklaratorischer Urteile der Zivil- und Verwaltungsgerichte auch den Strafrichter? in: Festschrift für Lent, München 1957, S. 107 ff.

Bull: Er dient dem Staat, nicht der Regierung, Die Zeit Nr. 19 vom 10. 5. 1968, S. 48.

von Caemmerer: Wandlungen des Deliktsrechts, in: Hundert Jahre deutsches Rechtsleben, Festschrift zum hundertjährigen Bestehen des Deutschen Juristentages, Bd. 2, Karlsruhe 1960, S. 49 ff.

Canter: Gleichberechtigung und Richtermacht, NJW 6 (1953) 850 f.

Carpenter: Judicial Tenure in the United States, New Haven 1918

Ciceronis: scripta quae manserunt omnia, recognovit C. F. W. Mueller, Teil 4 Bd. 3, Lipsiae 1904

Cohn: Richter, Staat und Gesellschaft in England, Vortrag, Kalsruhe 1958

Coing: Die europäische Privatrechtsgeschichte der neueren Zeit als einheitliches Forschungsgebiet. Ius Commune Bd. 1, Frankfurt a. M. 1967, S. 1 ff.

— Epochen der Rechtsgeschichte in Deutschland, München 1967

— Grundzüge der Rechtsphilosophie, Berlin 1950

Coing: Römisches Recht in Deutschland. Ius Romanum Medii Aevi Bd. V/6, Mediolani 1964

— Savignys rechtspolitische und methodische Anschauungen in ihrer Bedeutung für die gegenwärtige deutsche Rechtswissenschaft, ZbJV 91 (1955) 329 ff.

Corpus Iuris Civilis, volumen primum: Institutiones, Digesta, edito undevicesima Dublino/Turici 1966; volumen secundum: Codex Iustinianus, editio decima tertia Berolini 1963

Cox: Die Staatseinrichtungen Englands, Berlin 1867.

Dallinger: Aus der Rechtsprechung des Bundesgerichtshofes in Strafsachen, MDR 10 (1956) 525 ff.

Darmstaedter: Der Begriff „Recht" in Art. 20 Abs. 3 des Grundgesetzes, NJW 10 (1957) 769 ff.

Denecke: Abändernde Gesetzesauslegung im Arbeitsrecht? RdA 6 (1953) 412 ff.

Dicey: Introduction to the Study of the Law of the Constitution, 10. Aufl. London 1961 (Nachdruck)

Dölle: Absurdes Recht? in: Festschrift für Nipperdey, Bd. 1, München-Berlin 1965, S. 23 ff.

Dumbauld: The Constitution of the United States, Oklahoma 1964

Eckhardt: Die verfassungskonforme Gesetzesauslegung, Berlin 1964

Ehrlich: Freie Rechtsfindung und freie Rechtswissenschaft, Leipzig 1903

Eiff: Das Verhältnis zwischen der rechtsprechenden und der gesetzgebenden Gewalt in Frankreich, Diss. iur. Tübingen 1959

Engisch: Einführung in das juristische Denken, 3. Aufl. Stuttgart 1964

Enneccerus-Nipperdey: Allgemeiner Teil des Bürgerlichen Rechts, 1. Halbband, 15. Aufl. Tübingen 1959

Entwurf eines bürgerlichen Gesetzbuches für das Deutsche Reich. Erste Lesung. Amtliche Ausgabe, Berlin-Leipzig 1888

Erhard: Der Eheprozeß in der Praxis, Berlin 1957

Esser: Die Interpretation im Recht, Studium Generale 7 (1954) 372 ff.

— Grundsatz und Norm in der richterlichen Fortbildung des Privatrechts, 2. Aufl. Tübingen 1964

Evers: Zum unkritischen Naturrechtsbewußtsein in der Rechtsprechung der Gegenwart, JZ 16 (1961) 241 ff.

Eyermann-Fröhler: Verwaltungsgerichtsordnung, 4. Aufl. München-Berlin 1965

Feisenberger: Verbrechensbekämpfung und Gesetzgebungsgerichtshof, DRiZ 4 (1912) 282 ff.

Fischer: Die Rechtsprechung des Bundesgerichtshofes, Karlsruhe 1960

Fleiner-Giacometti: Schweizerisches Bundesstaatsrecht, Zürich 1965 (Nachdruck)

Flume: Richter und Recht, in: Verhandlungen des 46. Deutschen Juristentages, Bd. 2, München-Berlin 1967, S. K 5 ff.

Forsthoff: Zur Problematik der Verfassungsauslegung, Stuttgart 1961

Foster: Commentaries on the Constitution of the United States, Bd. 1, Boston 1895

Frankfurter-Landis: The Business of the Supreme Court, New York 1927

Freund: Das öffentliche Recht der Vereinigten Staaten von Amerika, Tübingen 1911

Freymuth: Ein Gerichtshof für bindende Gesetzesauslegung? RuW 1 (1912) 432 ff.

Friesenhahn: Probleme der Verfolgung und Ahndung von nationalsozialistischen Gewaltverbrechen, in: Verhandlungen des 46. Deutschen Juristentages, Bd. 2, München-Berlin 1967, S. C 12 ff.

— Staatsrechtslehrer und Verfassung, in: Recht Staat Wirtschaft Bd. 3, Düsseldorf 1951, S. 51 ff.

Fuchs: Die Gemeinschädlichkeit der konstruktiven Jurisprudenz, Karlsruhe 1909

— Herrschende Meinungen, Formalkonstruktion und Ausgleichsrecht, LZ 23 (1929) 14 ff.

— Schreibjustiz und Richterkönigtum, Leipzig 1907

— Was will die Freirechtsschule? Rudolstadt/Thüringen 1929

Fusilier: Les monarchies parlementaires, Paris 1960

Gai: Institutiones secundum codicis Veronensis apographum studemundianum et reliquias in Aegypto repertas, editio minor, Leiden 1964

Gaudemet: L'empereur, interprète du droit, in: Festschrift für Rabel, Bd. 2, Tübingen 1954, S. 169 ff.

Geck: Judicial review of statutes: a comparative survey of present institutions and practices, Cornell Law Quarterly 51 (1965/66) 250 ff.

Geiger: Gesetz über das Bundesverfassungsgericht, Berlin-Frankfurt a. M. 1952

Gény: Méthode d'interprétation et sources en droit prive positif. Bd. 1, 2. Aufl. Paris 1919

Gerland: Die Beziehungen zwischen dem Parlament und den Gerichten in England, Berlin-Leipzig 1928

— Die Einwirkung des Richters auf die Rechtsentwicklung in England, Berlin-Leipzig 1910

Gerland: Die englische Gerichtsverfassung, Leipzig 1910

— Die englische Gerichtsverfassung in ihrer gegenwärtigen Entwicklung und die deutsche Gerichtsreform. Ein Vortrag, Berlin 1908

Germann: Methodische Grundfragen, Basel 1946

— Präjudizielle Tragweite höchstinstanzlicher Urteile, insbesondere der Urteile des schweizerischen Bundesgerichts, ZSR 68 (1949) 297 ff.

Gerner-Decker-Kaufmann: Deutsches Richtergesetz, Köln-Berlin-Bonn-München 1963

Gerold: Ehegesetz, Stuttgart-Köln 1950

Gerold-Schmidt: Bundesgebührenordnung für Rechtsanwälte, 3. Aufl. München-Berlin 1967

Giese-Schunck: Grundgesetz für die Bundesrepublik Deutschland, 7. Aufl. Frankfurt a. M. 1965

Glum: Appell an das Volk in lebenswichtigen Fragen? NJW 5 (1952) 281 ff.

Gnaeus Flavius (Pseudonym für Kantorowicz): Der Kampf um die Rechtswissenschaft, Heidelberg 1906

Götz: Die innerprozessuale Bindungswirkung im Zivil-, Arbeits- und Verwaltungsprozeßrecht, JZ 14 (1959) 681 ff.

Goodhart: Precedent in English and Continental Law, L. Q. R. 50 (1934) 40 ff.

— Precedents in the Court of Appeal, Camb. L. J. 9 (1945—47) 349 ff.

Gordon: Our Parliament, 6. Aufl. London 1964

Grewe: Rechtsgutachten über die Rechtsgültigkeit des Artikels 41 der hessischen Verfassung, o. J. (als Manuskript gedruckt)

Grosskreutz: Normwidersprüche im Verfassungsrecht, Köln-Berlin-Bonn-München 1966

Earl of Halsbury and other lawyers: The Laws of England, Bd. 7, 3. Aufl. London 1954

Hamann: Das Grundgesetz, 2. Aufl. Neuwied-Berlin 1961

Hamed: Das Prinzip der Gewaltenteilung und die Beaufsichtigung der Regierung durch das Parlament, Bern 1957

Hanbury: English Courts of Law, 3. Aufl. Oxford-New York-Toronto 1960

Hartung: Der „Badewannenfall", JZ 9 (1954) 430 f.

Hatschek: Das Staatsrecht des vereinigten Königreichs Großbritannien-Irland, Tübingen 1914

— Englisches Staatsrecht mit Berücksichtigung der für Schottland und Irland geltenden Sonderheiten, Bd. 1, Tübingen 1905

Hearn: The Government of England: its Structure and its Development, 2. Aufl. London 1887

Heck: Gesetzesauslegung und Interessenjurisprudenz, AcP 112 (1914) 1 ff.

Heer: Europäische Geistesgeschichte, Stuttgart 1957

Heitzer-Oestreicher: Bundesbaugesetz, 3. Aufl. Berlin 1968

Heller: Logik und Axiologie der analogen Rechtsanwendung, Berlin 1961

Hellwig: System des Deutschen Zivilprozeßrechts, Bd. 1, Leipzig 1912

Henke: Verfassung, Gesetz und Richter (das Normenkontrollverfahren), Staat 3 (1964) 433 ff.

Hepner: Richter und Sachverständiger, Hamburg 1966

Hesse: Grundzüge des Verfassungsrechts der Bundesrepublik Deutschland, 3. Aufl. Karlsruhe 1969

Freiherr von der Heydte: Gewaltenteilung, in: Staatslexikon, hrsg. von der Görres-Gesellschaft, Bd. 3, Freiburg 1959, Spalten 896 ff.

Hildebrandt: Rechtsfindung im neuen deutschen Staat, Berlin-Leipzig 1935

Himmelschein: Studien zu der antiken Hermeneutica iuris, in: Symbolae Friburgenses in honorem Lenel, Leipzig o. J., S. 373 ff.

von Hippel: Mechanisches und moralisches Rechtsdenken, Meisenheim am Glam 1959

— Rechtsbegriff und Richterstellung, DRiZ 32 (1954) 65 ff.

Hirsch: Richterrecht und Gesetzesrecht, JR 19 (1966) 334 ff.

Hirschmann: Pensenschlüssel und Jugendgerichtsbarkeit, DRiZ 33 (1955) 243 f.

ten Hompel: Der Gesetzgebungsgerichtshof, DRiZ 4 (1912) 99 ff., 366 ff.

Huber: Ein Gerichtshof für bindende Gesetzesauslegung, Gerichtssaal 80 (1913) 186 ff.

Hughes: Addresses, New York 1908

von Husen: Die Entfesselung der Dritten Gewalt, AöR 78 (1952/53) 49 ff.

Hussong: Richter und Reichstag, DRiZ 3 (1911) 177 ff.

Imboden: Verfassungsgerichtsbarkeit in der Schweiz, in: Verfassungsge- richtsbarkeit in der Gegenwart, Köln-Berlin 1962, S. 506 ff.

Isay: Rechtsnorm und Entscheidung, Berlin 1929

Jackson: The Machinery of Justice in England, 5. Aufl. Cambridge 1967

James: Introduction to English Law, 6. Aufl. London 1966

Jansen: FGG, Berlin 1959

Jenkins: The Court of Justice, Exeter 1967

Jennings: Die Britische Verfassung, Paderborn 1946
— The Law and the Constitution, 4. Aufl. London 1954 (Nachdruck)

Jones: Magistrates' Courts, London 1953

Kadenbach: Zur bindenden Wirkung der Entscheidung des Bundesverfas- sungsgerichts, AöR 80 (1955/56) 385 ff.

Kaser: Das römische Privatrecht, Bd. 1, München 1955

Keidel-Keidel: Freiwillige Gerichtsbarkeit, 9. Aufl. München-Berlin 1967

Kern: Die Aussetzung des Strafverfahrens zur Klärung präjudizieller Fra- gen nach § 262 Abs. 2 StPO, in: Die Reichsgerichtspraxis im deutschen Rechtsleben. Festgabe der juristischen Fakultäten zum 50jährigen Be- stehen des Reichsgerichts, Bd. 5, Berlin-Leipzig 1929, S. 131 ff.
— Gerichtsverfassungsrecht, 4. Aufl. München-Berlin 1965
— Strafverfahrensrecht, 8. Aufl. München-Berlin 1967

Klinger: Verwaltungsgerichtsordnung, 2. Aufl. Göttingen 1964

Knust: Montesquieu und die Verfassungen der Vereinigten Staaten von Amerika, München-Berlin 1922

Koch (Hrsg.): Allgemeines Landrecht für die Preußischen Staaten, Bd. 1, 6. Aufl. Berlin 1874

König: Die Aufgaben des Richters, in: Reinhardt-König, Richter und Rechtsfindung. Zwei Vorträge, München-Berlin 1957

Kohlrausch-Lange: Strafgesetzbuch, 43. Aufl. Berlin 1961

Kollatz: Vis ac potestas legis, Diss. iur. Frankfurt a. M. 1963

Krause: Kein Reichsamt für Gesetzesauslegung, DRiZ 2 (1910) 314 ff.

Krüger: Rechtsfragen der Sozialisierung in Hessen, AöR 77 (1951/52) 46 ff.

Krüger-Breetzke-Nowack: Gleichberechtigungsgesetz, München-Berlin 1958

Krumme: Anmerkung zu BGHSt 5, 106 ff., L/M Nr. 2 zu § 170 b StGB

Kübel: Politische Betätigung der Richter, DRiZ 16 (1924) 273 ff.

Kübler: Der deutsche Richter und das demokratische Gesetz, AcP 162 (1963) 104 ff.

Kuntze: Der Wendepunkt der Rechtswissenschaft, Leipzig 1856

— Die Obligation und die Singularsuccession des römischen und heutigen Rechtes, Leipzig 1856

Landsberg: Der Prozeß Rothardt, Just. 1 (1925/26) 124 ff.

— In eigener Sache, Just. 3 (1927/28) 211 ff.

Langner: Der Gedanke des Naturrechts seit Weimar und in der Rechtsprechung der Bundesrepublik, Bonn 1959

Larenz: Kennzeichen geglückter richterlicher Rechtsfortbildungen. Vortrag, Karlsruhe 1965

— Lehrbuch des Schuldrechts, Bd. 2, 9. Aufl. München 1968

— Methodenlehre der Rechtswissenschaft, Berlin-Göttingen-Heidelberg 1960

— Richterliche Rechtsfortbildung als methodisches Problem, NJW 18 (1965) 1 ff.

— Über das Verhältnis von Interpretation und richterlicher Rechtsfortbildung, in: Festskrift tillägnad Olivecrona, Stockholm 1964, S. 384 ff.

— Wegweiser zu richterlicher Rechtsschöpfung, in: Festschrift für Nikisch, Tübingen 1958, S. 275 ff.

Lechner: Bundesverfassungsgerichtsgesetz. 2. Aufl. München 1967

Lehmann-Hübner: Allgemeiner Teil des Bürgerlichen Gesetzbuches, 15. Aufl. Berlin 1966

Leibholz-Rinck: Grundgesetz, 3. Aufl. Köln 1968

Leipziger Kommentar zum Strafgesetzbuch, Bd. 2, 8. Aufl. Berlin 1958

Lenckner: Wertausfüllungsbedürftige Begriffe im Strafrecht und der Satz „nullum crimen sine lege", JuS 8 (1968) 249 ff.

Leonhard: Emancipatio, in: Paulys Realencyklopädie der classischen Altertumswissenschaft, Bd. 10, Stuttgart 1905, Spalte 2477

Lent-Habscheid: Freiwillige Gerichtsbarkeit, 4. Aufl. München-Berlin 1962

Less: Vom Wesen und Wert des Richterrechts, Erlangen 1954

Titi Livi: ab urbe libri I-XXX, recognoverunt Conway et Walters, Oxonii 1950—1953 (Nachdruck)

Loewenstein: Der britische Parlamentarismus, Reinbek 1964

— Konflikte zwischen Regierung und Justiz, AöR 78 (1952/53) 260 ff.

— Staatsrecht und Staatspraxis von Großbritannien, Bd. 1, Berlin-Heidelberg-New York 1967

— Verfassungslehre, Tübingen 1959

— Verfassungsrecht und Verfassungspraxis der Vereinigten Staaten, Berlin-Göttingen-Heidelberg 1959

Löwe-Rosenberg: Die Strafprozeßordnung, 21. Aufl., Bd. 1: 1963, Bd. 2: 1965; Berlin

Lukas: Zur Lehre vom Willen des Gesetzgebers, in: Staatsrechtliche Abhandlungen. Festgabe für Laband, Bd. 1, Tübingen 1908, S. 397 ff.

Maitland: The Constitutional History of England, Cambridge 1963 (Nachdruck)

Majer: Die Folgen verfassungswidriger Gesetze, Diss. iur. Freiburg im Breisgau 1966

von Mangoldt: Rechtsstaatsgedanke und Regierungsform in den Vereinigten Staaten von Amerika, Essen 1938

Manigk: Savigny und der Modernismus im Recht, Berlin 1914

Marshall-Yardley: Constitutional Jurisdiction in the United Kingdom, ZaöRV 22 (1962) 540 ff.

Maunz: Deutsches Staatsrecht, 16. Aufl. München 1968

Maunz-Sigloch-Schmidt-Bleibtreu-Klein: Bundesverfassungsgerichtsgesetz, München-Berlin 1967

Maurach: Deutsches Strafrecht, Allgemeiner Teil, 3. Aufl. Karlsruhe 1965

Mauz: Wer eigenhändig tötete, war kein Jurist, Der Spiegel Nr. 38 vom 16. 9. 1968 S. 34

Mayer-Tasch: Die Verfassungen Europas, Stuttgart 1966

Megarry: Miscellany-at-Law, London 1955

Mendelssohn Bartholdy: Das Imperium des Richters, Straßburg 1908

Menger: Höchstrichterliche Rechtsprechung zum Verwaltungsrecht, Verw-Arch. 51 (1960) 262 ff.; 54 (1963) 198 ff.

Meyer: Kein Reichsamt für Gesetzesauslegung, DRiZ (1910) 316 f.

Meyer-Ladewig: Gesetzesbindung und Richterfreiheit, DRiZ 40 (1962) 317 ff.
— Justizstaat und Richterrecht, AcP 161 (1962) 97 ff.

Montesquieu: De l'esprit des lois, Bd. 1, Paris 1834

Motive zu dem Entwurfe eines Bürgerlichen Gesetz-Buches für das Deutsche Reich. Bd. 1. Amtliche Ausgabe, Berlin-Leipzig 1888

Müller, Hans: Zur Geschichte der bindenden Gesetzesauslegung, Berlin 1939

Müller-Erzbach: Wohin führt die Interessenjurisprudenz? Tübingen 1932

Müller-Freienfels: Ehe und Recht, Tübingen 1962
— Zur Scheidung wegen Glaubenswechsels, JZ 19 (1964) 344 ff.

Müller-Sax: Kommentar zur Strafprozeßordnung, Bd. 1, 6. Aufl. Darmstadt 1966

von Münch: Dokumente des geteilten Deutschland, Stuttgart 1968
— Porto Alexandre-Fall, in: Strupp-Schlochauer, Wörterbuch des Völkerrechts, Bd. 2, Berlin 1961, S. 783 f.

von Münch-Brodersen: Gesetze des NS-Staates, Bad Homburg v. d. H.-Berlin-Zürich 1968

Nicklisch: Die Bindung der Gerichte an gestaltende Gerichtsentscheidungen und Verwaltungsakte, Bielefeld 1965

de Niem: Rückblick und Ausblick, DRiZ 4 (1912) 1 ff. Vae victis DRiZ 3 (1911) 137 ff.

Nikisch: Zivilprozeßordnung, 2. Aufl. Tübingen 1952

Obermayer: Gedanken zur Methode der Rechtserkenntnis, NJW 19 (1966) 1885 ff.

Palandt: Bürgerliches Gesetzbuch, 28. Aufl. München 1969

Patschke: Die Anwendung des Grundsatzes der Gleichberechtigung von Mann und Frau als rechtsstaatliches Problem, BetrBer. 8 (1953) 490 ff.

Peaslee-Peaslee Xydis: Constitutions of Nations, Bd. 1, 3. Aufl. The Hague 1965

Peters: Die Gewaltentrennung in moderner Sicht, Köln-Opladen 1954

Philipps: Constitutional and Administrative Law, 4. Aufl. London 1967

Pikart-Henn: Lehrbuch der Freiwilligen Gerichtsbarkeit, Köln 1963

Plini Secundi: naturalis historiae libri XXXVII, recensuit Sillig, Hamburgi et Gothae 1851—1855

Potrykus: Gesetz über die Verbreitung jugendgefährdender Schriften, 2. Aufl. München-Berlin 1967

— Jugendschutzgesetz, 2. Aufl. München-Berlin 1966

Project des Corporis Iuris FriderMajestätciani, das ist Seiner Königlichen Majestät in Preußen in der Vernunft und Landesverfassung gegründetes Landrecht, 2. Aufl. Halle 1750

Protokolle der Kommission für die zweite Lesung des Entwurfs des Bürgerlichen Gesetzbuches, Bd. 1, Berlin 1897

M. Fabii Quintiliani: Declamationes quae supersunt, recensuit Ritter, Lipsiae 1884

Rabe: Sammlung Preußischer Gesetze und Verordnungen (welche auf die allgemeine Deposital-, Hypotheken-, Gerichts-, Criminal- und Städte-Ordnung ... Bezug haben) nach der Zeitfolge geordnet, Halle-Berlin 1820 ff.

Radbruch: Arten der Interpretation, in: Recueil d'études sur les sources du droit en l'honneur de Gény, Bd. 2, Paris 1934, S. 217 ff.

Redeker-von Oertzen: Verwaltungsgerichtsordnung, 2. Aufl. Stuttgart 1965

Redmond: General Principles of English Law, 2. Aufl. London 1966

Reichsgerichtsrätekommentar zum Bürgerlichen Gesetzbuch, 11. Aufl. Berlin 1959 ff.

Reinicke-Reinicke: Die Ausfüllung primärer und sekundärer Gesetzeslücken nach der Rechtsprechung des Bundesgerichtshofes, NJW 5 (1952) 1153 ff.

— Die Auslegungsgrundsätze des Bundesarbeitsgerichts, NJW 8 (1955) 1380 ff.

— Die Bindung des Richters an veraltete Gesetze, MDR 11 (1957) 193 ff.

Reuß: Der Richter und das Gesetz, DÖV 16 (1963) 361 ff.

Ridder: Anmerkung zu OVG Münster OVGE 18, 1 ff., JZ 17 (1962) 771 ff.

Röhring: Leitfaden durch Westminster, Die Zeit Nr. 9 vom 1. 3. 1968 S. 11

Romberg: Die Richter Ihrer Majestät, 2. Aufl. Stuttgart-Berlin-Köln-Mainz 1966

Rotberg: Gesetz über Ordnungswidrigkeiten, 3. Aufl. Berlin-Frankfurt a. M. 1964

Rümelin: Die Billigkeit im Recht. Rede, Tübingen 1921

Sauer: Allgemeine Prozeßrechtslehre, Berlin-Detmold-Köln-München 1951

von Savigny: System des heutigen Römischen Rechts, Bd. 1, Berlin 1840

Sax: Das strafrechtliche „Analogieverbot", Göttingen 1953

Schäfer: Zwischenbilanz der konkreten Normenkontrolle nach Art. 100 Abs. 1 GG, NJW 7 (1954) 1 ff.

Scheld: „Richterliche Gleichberechtigung"? JZ 8 (1953) 450 f.

Scheuner: Ausländische Erfahrungen zum Problem der Übertragung rechtsetzender Gewalt, in: Die Übertragung rechtsetzender Gewalt im Rechtsstaat, Frankfurt a. M. 1952, S. 118 ff.

— Grundfragen des modernen Staates, in: Recht Staat Wirtschaft Bd. 3, Düsseldorf 1951, S. 126 ff.

Schiffer: Ein Sofortprogramm für die deutsche Justiz, JZ 8 (1953) 1 ff.

Schloßmann: Der Vertrag, Leipzig 1876

Schmidt, Eb.: Gesetz und Richter, Vortrag, Karlsruhe 1952

— Lehrkommentar zur Strafprozeßordnung, Bd. 2, Göttingen 1957

— Probleme der richterlichen Verantwortung. Vortrag, DRiZ 41 (1963) 376 ff.

Schmidt-Bleibtreu-Klein: Kommentar zum Grundgesetz für die Bundesrepublik Deutschland, Neuwied-Berlin 1967

Schmidt-Räntsch: Deutsches Richtergesetz, München-Berlin 1962

Schmitt: Anmerkung zu BVerwGE 7, 159 ff., JZ 14 (1959) 221 f.

Schneider, E.: Rechtspraxis und Rechtswissenschaft, MDR 21 (1967) 6 ff.

— Wie man Gerichtsentscheidungen kritisch liest (I), MDR 16 (1962) 522 ff.

Schneider, H.: Verfassungsrechtliche Vorfragen zur Gleichberechtigung von Mann und Frau, NJW 6 (1953) 889 ff.

Schneider, P.: Naturrechtliche Strömungen in deutscher Rechtsprechung, ARSP 42 (1956) 98 ff.

Schönke: Über die entsprechende Anwendung und zur Auslegung des § 565 Abs. 2 ZPO, ZZP 58 (1934) 380 ff.

Schönke-Schröder: Strafgesetzbuch, 14. Aufl. München 1969

Schönke-Schröder-Niese: Lehrbuch des Zivilprozeßrechts, 8. Aufl. Karlsruhe 1956

Schorn: Der Richter im Dritten Reich, Frankfurt a. M. 1959

Schraft: Sozialgerichtsgesetz, Berlin 1961

Schreier: Die Interpretation der Gesetze und Rechtsgeschäfte, Leipzig-Wien 1927

Schröder, H.: Die kriminalpolitischen Aufgaben der Strafrechtsreform, in: Verhandlungen des 43. Deutschen Juristentages, Bd. 2, Tübingen 1962, S. E 3 ff.

— Gesetz und Richter im Strafrecht. Rede, Kiel 1953

— Die Bindung an aufhebende Entscheidungen im Zivil- und Strafprozeß, in: Festschrift für Nikisch, Tübingen 1958, S. 205 ff.

Schrödter: Bundesbaugesetz, Berlin-Frankfurt a. M. 1964

Schunck-De Clerk: Verwaltungsgerichtsordnung, 2. Aufl. Siegburg 1967

Schwab: Bindung des Strafrichters an rechtskräftige Zivilurteile? NJW 13 (1960) 2169 ff.

Schwarz-Kleinknecht: Strafprozeßordnung, 28. Aufl. München 1969

Shaw: Evidence and Procedure in Magistrates' Courts, 2. Aufl. London 1955

Siebert: Die Methode der Gesetzesauslegung, Heidelberg 1958

Simons: Das Reichsgericht in Gegenwart und Zukunft, DJZ 29 (1924) 325 ff.

Sinzheimer: Die soziologische Methode in der Privatrechtswissenschaft, München 1909

Stammen: Regierungssysteme der Gegenwart, Stuttgart-Berlin-Köln-Mainz 1967

Stampe: Gesetz und Richtermacht, DJZ 10 (1905) 1017 ff.

Statistik des Deutschen Reiches. Kriminalstatistik für 1922—1933, bearbeitet im Reichsjustizministerium und im Statistischen Reichsamt, Berlin 1925—1935

Staub: Die positiven Vertragsverletzungen und ihre Rechtsfolgen, in: Festschrift für den 26. Deutschen Juristentag, Berlin 1902, S. 29 ff.

Stein: Die verfassungsrechtlichen Grenzen der Rechtsfortbildung durch die Rechtsprechung, NJW 17 (1964) 1745 ff.

Stein-Jonas-Schönke-Pohle: Kommentar zur Zivilprozeßordnung, Bd. 1, 18. Aufl. 1956 sowie 6. Lieferung der 19. Aufl. 1968, Tübingen

Stern: Probleme der Errichtung eines Verfassungsgerichts in Berlin, DVBl 78 (1963) 696 ff.

Stobbe: Handbuch des Deutschen Privatrechts, Bd. 1, 3. Aufl. Berlin 1893

Stoll: Begriff und Konstruktion in der Lehre der Interessenjurisprudenz, Beilageheft zu AcP 133 (1931) 60 ff.

— Empfiehlt sich eine Neuregelung der Verpflichtung zum Geldersatz für immateriellen Schaden? Gutachten für den 45. Deutschen Juristentag, München-Berlin 1964

Story: Commentaries on the Constitution of the United States, 5. Aufl. (hrsg. von Bigehow) Boston 1891

Theodosiani: Libri XVI cum Constitutionibus Simondianis, edidit Mommsen, Bd. 1 Teil 2, Berlin 1905

Thomas-Putzo: Zivilprozeßordnung, 3. Aufl. München 1968

Ule: Verwaltungsgerichtsbarkeit, 2. Aufl. Köln-Berlin-München-Bonn 1962

Domitii Ulpiani: quae vulgo vocantur fragmenta sive ex Ulpiani libro singulari regularum excerpta. Separatim ex jurisprudentiae anteiustinianae reliquiarum editione quinta edidit Huschke, Lipsiae 1886

Valerii Maximi: factorum et dictorum memorabilium libri novem cum Julii Paridis et Januarii Nepotiani epitomis, iterum censuit Kempf, Lipsiae 1887

Vian: Histoire de Montesquieu, Paris 1878

Viezens: Beisammen sind wir, fanget an —, DRiZ 1 (1909) 11 ff.

Vollkommer: Richter und Gerichte in England (Zivilgerichtsbarkeit), ZZP 73 (1960) 145 ff.

Wade-Philipps-Bradley: Constitutional Law, 7. Aufl. London 1965

Warda: Dogmatische Grundlagen des richterlichen Ermessens im Strafrecht, Köln-Berlin-Bonn-München 1962

Weinkauff: Der Naturrechtsgedanke in der Rechtsprechung des Bundesgerichtshofes, NJW 13 (1960) 1689 ff.

— Richtertum und Rechtsfindung in Deutschland, Vortrag, Tübingen 1952

Welzel: Das deutsche Strafrecht, 10. Aufl. Berlin 1967

Werner: Bemerkungen zur Funktion der Gerichte in der gewaltenteilenden Demokratie, Juristen-Jahrbuch 1 (1960) 68 ff.

— Das Problem des Richterstaates, Berlin 1960

Westermann: Wesen und Grenzen der richterlichen Streitentscheidung im Zivilrecht, Münster 1955

Wieczorek: Zivilprozeßordnung, Bd. 3, Berlin 1957

Wiesner: Eine Gefahr für die „verfassungsmäßige Ordnung", FamRZ 8 (1961) 165

Wolf-Lüke-Hax: Scheidung und Scheidungsrecht, Tübingen 1959

Wolff, E.: Freiheit und Gebundenheit des englischen Richters, in: Festschrift für Kieselbach, Hamburg 1947, S. 251 ff.

Wolff, G.: Friedensgerichte in England und den Vereinigten Staaten, DRiZ 36 (1958) 131 ff.

Wolff, H.: Verwaltungsrecht I, 7. Aufl. München 1968

Wüstendörfer: Die deutsche Rechtsprechung am Wendepunkt, AcP 110 (1913) 219 ff.

Zajtay: Begriff, System und Präjudiz in den kontinentalen Rechten und im Common Law, AcP 165 (1965) 97 ff.

Zeiler: Eine Umfrage über den Rechtshof, DRiZ 6 (1914) 101 ff.

— Ein Gerichtshof für bindende Gesetzesauslegung, München 1911

— Ein Reichsamt für Gesetzesauslegung, AnnDR 41 (1907) 436 ff.

— Ein Reichsamt für Gesetzesauslegung ArchRechtsWirtschPhilos. 4 (1910/11) 379 ff.

— Ein Reichsamt für Gesetzesauslegung, DRiZ 2 (1910) 72 ff., 365 f.

— Gesetzgebungs- oder Auslegungsgerichtshof? DRiZ 4 (1912) 726 ff., 781 ff.

— Maßnahmen zur Sicherung des Rechts, ArchRechtsWirtschPhilos. 4 (1910/11) 379 ff.

— Ordnung, Sicherheit, Einheit des Rechts, JW 43 (1914) 217 ff.

— Um Einheit und Sicherheit des Rechts, DRiZ 17 (1925) 62 ff.

— Vereinfachte Gesetzgebung und Auslegungsgerichtshof, AnnDR 46 (1912) 603 ff.

— Von den responsa prudentium zum Auslegungsgerichtshof, RheinZ 4 (1912) 367 ff.

Zimmermann: Der Wortlaut des Gesetzes im Spiegel höchstrichterlicher Rechtsprechung, NJW 9 (1956) 1262 ff.

Zinn: Die Rechtspflege im Bonner Grundgesetz, in: Verhandlungen des 37. Deutschen Juristentages, Tübingen 1950, S. 46 ff.

Zweigert: Juristische Interpretation, Studium Generale 7 (1954) 380 ff.

MIX
Papier aus verantwortungsvollen Quellen
Paper from responsible sources
FSC® C105338

Printed by Libri Plureos GmbH
in Hamburg, Germany